지역문화총서 2

사투리로 읽어 보는 충청문화

사투리로 읽어 보는
충청문화

지은이 김정태 · 이명재
발행일 2021년 5월 31일 발행인 이진숙
펴낸곳 충남대학교출판문화원 주소 대전광역시 유성구 대학로 99
전화 042-821-6045 홈페이지 www.cnupress.co.kr E-mail cnupress@cnu.ac.kr

ISBN 979-11-6503-121-3 04090
979-11-6503-099-5 04090(세트)
정가 10,000원

지역문화총서 2

사투리로 읽어 보는 충청문화

김정태 · 이명재

충남대학교출판문화원

사투리로 읽어 보는 충청문화

머/리/말

'사투리'란 어느 한 지역에서만 쓰는, 표준어가 아닌 말이다. 이는 인위적으로 제정된 표준어와 대립되는 말로 오랜 기간 자연스럽게 형성된 말이다. 사투리에는 지역마다의 특징적인 모습들을 간직하고 있다. 특히 해당 지역 토박이들의 삶과 함께 이어져 토박이들의 생각과 전통과 문화가 고스란히 담겨 있다. 경상도 사투리에는 경상도 사람들, 전라도 사투리에는 전라도 사람들의 삶이 담겨 있다. 또한 충청도 사투리에는 충청도에 살았던 사람들, 지금 살고 있는 사람들의 삶을 담고 있다. 가히 우리의 정신문화유산이라 불러 지나친 말이 아니다. 따라서 충청도 사투리는 충청 지역에서 쓰는 말들로, 충청도 사람들의 삶이 온전히 반영된 충청도의 문화유산인 것이다.

그럼에도 불구하고 우리는 표준어를 쓰는 이들에게 교양 있고 유식한, 그래서 사회적으로 지위가 있다는 평가를 내리는데 주저하지 않는다. 반면 사투리를 사용하면 교양 없고 무식한, 그래서 사회적으로 지위가 낮다는 평가를 내린다. 여기에는 다분히 사투리에 대해 촌스러운 지방말이라는 부정적인 개념이 담겨 있다. 이는 바뀌어야 할 사회적 판단이다.

사투리는 언어다. 따라서 언어적 판단이 우선되어야 한다. 이를테면 사투리는 우리말의 오래된 특징을 간직하고 있어 우리말의 역사를 연구하는데 기여한다. 해당 지역의 풍토나 전통을 자연스럽게 담아 형성되었기 때문에 사회·문화적 측면이나 지역적 측면의 연구에도 기여한다. 이는 표준어에서 기대할 수 없는 고유의 가치들이다.

오늘날은 문명의 발달로 말의 변화 주기가 빠르다. 교통의 발달, 인구의 이동과 도시개발, 매체의 발달 등은 '우리의 것'을 소멸시키는 데 일조하고 있다. 그런 점에서 소중한 자산인 사투리도 소멸 위기에 놓여 있다. 사투리를 보존하고 그 가치를 제고할 노력의 필요성이 제기되는 부분이다.

이 책은 사투리의 문화적 가치에 기대어 일반 사람들이 쉽게 접할 수 있도록 기술하였다. 충청도 사투리에 충청도 지역 토박이들의 삶이 담겨 있다는 전제에서, 제1장 '사투리를 말하다'는 사투리가 무엇인지, 사투리는 어떤 가치를 갖는지 등을 다루었다. 제2장의 '사투리로 말하다'에서는 충청도 토박이들이 쓰는 사투리를 이야기 형식으로 펼친다.

이 책은 충남대학교출판문화원에서 기획한 지역총서의 하나다. 지역문화를 발굴하여 새롭게 조명하고, 그 결과를 일반인들에게 알리고자 한 취지를 담아내려 하였다. 모쪼록 충청도의 사투리 문화가 잘 드러나고 잘 가꾸어지기를 바라는 마음이다. 마지막으로 충청도 사투리의 채록에 도움을 준 지역의 토박이 제보자 분들과 편집에 힘써준 관계자에게 감사를 드린다.

2021년

김정태/이명재

사투리로 읽어 보는 충청문화

목/차

| 제 1장 |

사투리를 말하다

| 제 1장 |

사투리를 말하다

1. 사투리란?

[표준어, 방언, 사투리]

우리말을 일컬을 때 우리는 여러 이름을 만난다. 표준어, 방언, 사투리, 지역어, 시골말… 등등이다. 이것은 우리말의 일정 부분을 어떤 기준으로 나누어 부르는 이름들이다. 먼저 표준어는 '한 나라에서 공용어로 쓰는 규범으로서의 언어'다. 다시 말하면 모든 국민이 공통적으로 쓸 수 있는 자격을 부여받은 대중의 말로써, 우리나라에서는 교양 있는 사람들이 두루 쓰는 현대 서울말이다. 이는 언어적 통일을 기하기 위해 국어 정책의 측면에서 인위적으로 제정한 규범적인 말이다. 그러므로 한국 사람이라면 마땅히 따르고 지켜야 할 언어이기에, 교육이나 매체 등 공적인 데에서 널리 사용되고 있다. 따라서 표준어는 우리말의 한 부분을 이루면서 매우 큰 중요성을 갖는다. 비표준어에 비해 사회적, 경제적으로도 우위에 있는 언어이고, 또한 대외적으로는 외국 사람들이 우리말을 배울 때 가장 먼저 접하는 언어이다.

방언은 표준국어대사전에서 두 가지로 정의하고 있다. 하나는 '한 언어에서, 사용 지역 또는 사회 계층에 따라 분화된 말의 체계'다. 이때의 방언은 특정 지역의 독립된 언어체계인 '지역 방언'과 사회 계층에 따른 '사회 방언'을 일컫는다. 이 방언에는 표준어도 있고, 비표준어인 사투리도 들어 있다. 그리고 방언에 대한 다른 하나의 정의는 '어느 한 지방에서만 쓰는, 표준어가 아닌 말'을 일컫는다. 즉 방언을 표준어가 아닌 말인 사투리로 본 것이다. 사투리는 '어느 한 지방에서만 쓰는, 표준어가 아닌 말'로 사전에서 정의하고 있기 때문이다.

따라서 전자의 방언은 방언학과 같은 학술적 측면에서 사용하는 용어인데, <그림 1>처럼 방언에 표준어와 사투리가 함께 있다. 이를테면, 한반도의 동남지역을 경상 방언이라 하고, 서남 지역을 전라 방언, 중부 지역의 남단을 충청 방언이라고 부를 때, 이 방언들에는 표준어와 사투리가 함께 있다는 이야기이다. 경상도, 전라도, 충청도 사람들이 비표준어인 사투리만 사용하는 것은 아니기 때문이다. 이들에게는 표준어도 있고, 표준어가 아닌 그들의 사투리도 있다.

반면 후자의 방언은 일반적으로 대중들이 인식하고 있는 정의이다. <그림 2>처럼 방언을 사투리와 같은 것으로 보는 것이다.

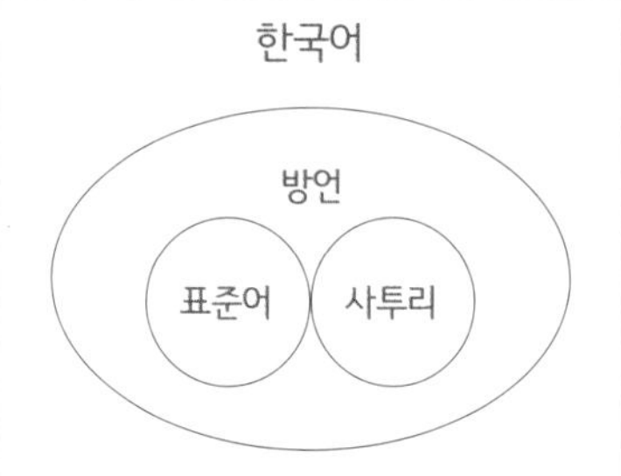

<그림 1. 한국어와 표준어, 방언, 사투리>

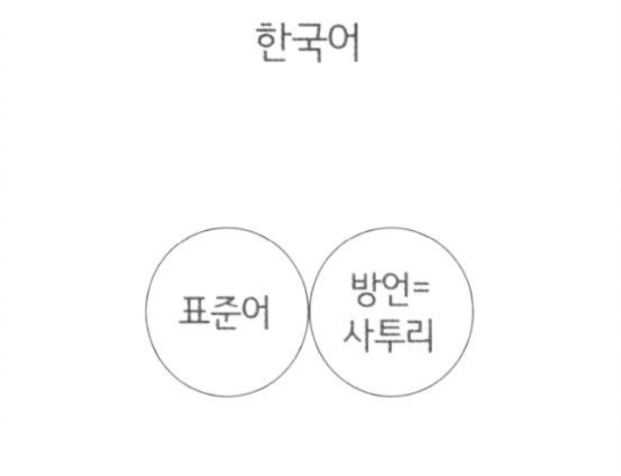

<그림 2. 한국어와 표준어, 방언, 사투리>

이처럼 사투리를 '어느 한 지방에서만 쓰는, 표준어가 아닌 말'이라고 정의할 때, 학술적인 관점에서 사투리는 방언의 일부이다. 그렇지만 일반적으로 사투리는 곧 방언이다. 충청 지역에서 쓰고 있는, 표준어가 아닌 말이라면 충청도 사투리인 것이다.

"사투리가 뭐유?"

"뭐긴 뭐여~. 우덜이 허넌 말이 사투리지~."

우리말은 한국 사람들에게 있어 매우 중요한 소통의 수단이다. 그런데 여기에는 소통을 넘어서 한국 사람들끼리 공유하고 공감하는 또 다른 '무엇인가'가 있다. 우리끼리 통하는 그 '무엇인가'가 우리를 한데 묶어주고 동질성을 갖게 한다. 한국어의 언어적, 사회적, 문화적 특징들이다.

예전에 해외여행을 갔을 때, 어디선가 우리말이 들리면 그냥 반가웠던 시절이 있었다. 왜 반가웠을까? 심지어 한글로 된 낙서에까지 눈길을 보냈던 기억이 있다. 왜 그랬을까? 나도 한국 사람으로 우리말과 우리글에 대해 공감한다는 생각이 있기 때문이다. 이는 외국 사람들의 눈과 귀에는 그저 이해하기 힘든 부분일 것이다.

그런데 우리말은 우리나라의 여러 지역에서 사투리의 모습으로 뿌리를 내리고 있다. 각 지역의 토박이들이 세상을 바라보고 인식한 것을 담아 놓은 것이 사투리이다. 사투리는 지역사람들을 울게도 하고 웃게도 하며 그들을 하나로 엮어 준다. 이 사투리는 오랜 시간을 두고 대대로 이어져 오며 만들어진 지역의 토종 언어이다. 충청도 사람들에게는 충청도 사투리가 있고, 전라도 사람들에게는 전라도 사투리가 있다. 또 경상도 사람들에게는 경상도 사람들끼리 통하는 경상도 사투리가 있다.

각 지역의 사투리들은 모두 우리말이면서 서로 '다르다'는 것인데, 왜 달라졌을까? 물이 위에서 아래로 흐르듯 말도 흐른다. 말이 흐르는 처음의 출발 지역을 개신지역이라 하는데, 여기로부터 주변지역으로 흐른다. 주로 정치적, 경제적, 사회적, 문화적 중심지인 서울로부터 지방으로 흘러 영향을 준다. 이 영향이 지리적 장애물인 산이나 강, 바다 등에 의해 전파가 끊기게 되어 갇히면, 그리고 다른 연유로 이웃 문화와의 접촉이 끊기게 되면, 그렇지 않은 지역과 말이 달라진다. 이렇게 외부와의 접촉이 제한된 지역에 살던 사람들은 문화가 진화하고 발달함에 따라 언어를 변화시켰다. 그리고 자신들에게 필요한 사투리를 만들어 사용하면서, 자신들만의 독특한 표현 방법을 강구해 놓았다. 그 결과 사투리가 지역에 따라 다양하게 형성되고 사투리들 사이에도 차이가 생긴 것이다.

이를테면 밥이나 음식을 푸거나 저어 섞는 데 쓰는 도구를 주걱이라 한다. 충청도에서는 대부분의 중앙어와 더불어 '주걱'이라 부른다. 그런데 전라도에서는 '주걱' 외에도 '주벅, 주복, 빡죽, 밥죽, 박죽' 등이 지역에 따라 달리 쓰이고, 경상도에서도 '주개, 주구, 밥주개, 주기' 등이 사용되고 있다. 심지어 바다 건너 제주에서는 '밥자, 밥우굼, 우굼' 등으로 불린다. 이처럼 지역에 따라 형성된 사투리들은 동일한 대상을 달리 부르고 있다.

표현도 참으로 다르다. 어떠한 일이나 하고 있는 일이 시원찮을 때, 충청도에서는 "개갈안나는 짓 그만 햐!"라고 한다. 그렇지만 전라도에서는 "에이, 테도 안 나구만."이라고 한다. 또한 표준어에서 무슨 일을 '그만 두라.'고 할 때도, 경상도에서는 "치아뿌라!"라고 한다. 전라도에서는 "하지 마랑께!"라고 하는데, 충청도 사투리는 "뭐여~ 관둬~"처럼 각각의 사투리에 따른 다양한 표현들을 만날 수 있다.

우리나라에 다양한 사투리가 있다는 사실과 이를 재미있게 표현한 말들이 인터넷 상으로 회자되기도 한다. 표준어 '돌아가셨습니다.'를 경상도 사투리로는 "죽었다 아입니꺼."라 하고, 전라도 사투리는 "죽어버렸어라."라고 하는데, 충청도 사투리로는 "갔유~."라고 하면서 지역적 사투리들이 서로 다름을 알려 준다.

- 충청도: "낼부텀 씰다리읎는 일언 말짱 증리햐."(내일부터 쓸데없는 일은 모두 정리해.)(방언이야기 2007:263)
- 전라도: "요참 불로 그 많던 양석 다 꼬실라 불고 쪽박 차게 생겠어."(이번 불로 그 많던 양식 다 태워 버리고 쪽박 차게 생겼어.)(전남방언사전 1998:79)
- 경상도: "잔 없이머 깨떠베~이에 술 받아 마시라."(잔 없으면 주발뚜껑에 술 받아 마셔라.)(경남방언사전 상 2017:116)

일찍이 이극로(1932) 선생은, 전라도는 길이(음장)을 중히 여기는 지역으로, 부드럽고 고운 사투리라고 했다. 친근하고 나긋나긋하며 익살스러운 맛까지 풍긴다는 것이다. 물론 상대적이지만 말이다. 그리고 경상도는 높낮이(고저)를 중히 여기는 지역으로, 억세고 뚝뚝한 미감(美感)이 있는 사투리로 평한 바 있다. 말을 간단하게 줄여서 한다는 특징에 기인하는 것이다. 이처럼 '부드럽고 곱다는 것, 억세고 뚝뚝하다는 것'은 그들의 말씨와 말투와 말의 가락이다. 즉 전라도 사람들에게는 부드럽고 고운 말씨가 자신도 모르는 사이에 몸에 배어 전라도 사투리의 특징이 된 것이고, 경상도 사람들에게는 억세고 뚝뚝한 말씨가 자신도 모르는 사이에 몸에 배어 경상도 사투리의 특징이 된 것이다.

그런데 충청도는 어떤가? 역시 길이(음장)을 중히 여기는 지역이다. 그렇지만 충청도 사투리에서는 '서두름이 없는 온화함과 간결함'이 묻어난다. '느리지만 여유'의 미감이다. "좀 지둘러봐유~. 그랴, 됐지 뭐. 안 그랴? 아이구, 워쩐대유? 괜찮어유~."

· 강원도: "기냥 사구만 있으문 되능가 핸데 그기 앙이랬아."(그냥 사고만 있으면 되는가 했는데 그게 아니었어.)(방언이야기 2007:278)
· 제주도: "가이가 지금 질을 막암서."(그 애가 지금 길을 막아.)(방언이야기 2007:153)
· 함경도: "가르 보애르 조라."(그 아이에게 팽이를 줘라.)(방언이야기 2007: 178)

· 평안도: "놓은 소식을 우테부레 가제와시요."(좋은 소식을 우체부가 가져왔어요.)(방언이야기 2007:190)

강원도 사투리, 제주도 사투리, 함경도 사투리, 평안도 사투리에서도 서로 '다르다'는 것을 확인할 수 있다.

이처럼 우리나라 사투리들은 소리를 내는 것이 다르고, 단어나 표현이 다르다는 것을 알 수 있다. 그렇지만 무엇보다도 각 지역의 토박이들에 의한 말씨, 말투와 말의 가락이 다르다는 것이 사투리의 실감나는 진면목이라 할 수 있다. 이는 사투리가 사회적, 문화적, 지형적 특성을 반영한 결과이다. 이 중심에는 각 지역 사람들의 삶과 터전, 그리고 그 위에 축적된 문화가 있다고 본다. 이처럼 지역마다에서 발생한 사투리들이 서로 다르다고 여기는데, 이는 각 사투리마다에 독특하고 고유한 특징들이 있기 때문이다.

2. 사투리의 가치와 활용

"사투리럴 워디다 써 먹넌대유?" "그걸 물러서 그랴?"

우리말에는 의사소통을 위해서 인위적으로 제정한 표준어가 있다. 그리고 자연스럽게 형성된 사투리들도 있다. 사투리가 어엿한 우리말이라는 이야기이다. 표준어든 사투리든 우리들의 소통과 사회적 관계를 돕는 수단들이다.

그런데 2000년대 초반 중학교의 무상 교육 실시와 같은 공교육의 확대가 국가적으로 이루어졌다. 여기에 국민들의 교육열이 가세함으로써, 교육을 통한 표준어 사용이 심화 확장되었다. 이와 같은 표준어 교육의 확대에는 TV 등 대중 매체의 발달도 큰 몫을 하였다. 이러한 환경에서 국어 교육은 어려서부터 표준어만을 알고 써야 할 것으로 진행되어 왔다.

반면 사투리에 대해서는 사용해서는 안 되는 말로 가르친 것은 아닌지 모르겠다. 그러다 보니 표준어는 정치, 경제, 사회적으로 우월한 지위에 있고 교양 있는 사람들이 쓰는 말이요, 사투리는 못 배우고 교양 없는, 그래서 천한 사람들이나 쓰는 말로 전락하고 말았다. '좋은 것'과 '나쁜 것'의 이분법적 틀에서 사투리는 '나쁜 것'에 배정되었다.

이것은 그대로 사투리와 사투리를 사용하는 사람들, 심지어는 그 사투리가 사용되는 지역에 대한 편견이나 부정적 인식을 낳았다. 그리하여 사투리 화자들에게는 무식하고 교양 없는 사람들이라는 사회적 판단이 내려졌다. 언어적 판단이 아니라 사회적 판단에 따른 것이다. 그 결과 드라마나 영화와 같은 작품의 등장인물에서 못

배운 사람, 교양 없는 사람, 사회적 지위가 낮은 사람, 경제력이 없는 사람역에는 지역의 사투리 화자가 배정되었던 것을 기억한다. 특정 계층이나 지역까지도 비하하고 희화화하는 데 사투리가 등장하였다.

언젠가 학생들과 충청도의 한 시골로 방언 답사를 간 적이 있었다. 답사할 단어 중에 '새우'가 있었다. '새우'에 대한 지역 사투리는 국어사적으로 의미가 있기에, 실질적인 사투리 형태를 확인하여 학생들의 교과 수업에 도움을 주고자 하였다.

· 학생: (학생이 '작은 민물새우' 그림을 보여 주며) "할아버지! 이걸 뭐라고 해요?"

· 할아버지: (할아버지가 학생들의 얼굴을 훑어보는데, 학생들은 할아버지의 입만 바라보고 있다.) "으... 저... 새우지, 새우."

이 그림은 대학생들의 현장 답사 모습이다. 현장 답사는 토박이를 통해 현지의 사투리를 접함으로써, 강의실에서 배운 지식을 현장에서 확인하는 기회이다.

학생들을 의식한 듯, 할아버지는 학생의 질문에 표준어 '새우'를 낮은 목소리로 정확하게 말했다. 이때 지도교수인 저자가, 이 새우를 잡는 방법과 요리하는 법 등등으로 할아버지와 좀 긴 대화를 나누었다. 할아버지와 우리들은 다소 친밀한 관계가 유지되었고 편안한 분위기가 조성되었다.

"이건 봄철에 섶이나 솔가지를 둠벙 같은 데 쟁여 두었다가 잡지요. 잡아서 온갖 양념에다가 이걸 넣고 끓이면…" 이쯤에서,

· 할아버지: "맞어. 그. 그… 새뱅이여. 새뱅이."

비로소 '새우'에 대한 지역 사투리 '새뱅이'를 찾게 되었다. 그런데 할아버지는 처음에 왜 표준어인 '새우'라고 했을까?

할아버지에게 있어서도 표준어와 사투리에 대한 인식이 있었기 때문이다. 표준어를 사용하면 교양 있는 사람이라는 것과 사투리를 사용하면 교양 없고 못 배운 사람이라는 생각이다. 그래서 할아버지는 자신을 바라보고 있는 학생들을 의식해서 '새우'라는 표준어를 사용한 것이다. 이는 자신이 교양 없는 무식한 사람이 아니라는 의식적 항변이다.

이처럼 사투리는 표준어 교육에 의해 그 위세가 꺾인 시점에, 사투리에 대한 일반 사람들의 부정적 인식과 사투리가 표준어에 비해 열등하다는 편견이 가세하였다. 여기에 산업화와 매체의 발달까지 힘을 보탰으니 전통적인 사투리들이 그 특징을 잃어가고, 심지어 소멸의 위기까지 맞게 된 것이다. 노년층의 일부에서 근근히 명맥

을 유지하는 사투리를 생각하면 아쉬움이 크다.

그렇지만 이 사투리는 표준어와 대등한 우리말로서의 가치를 갖는다. 표준어 이상의 언어적 가치를 갖고 있으며 사회 문화적 가치도 간직하고 있다.

언어적으로 사투리는 옛말의 형태와 같은 오래된 특징을 간직하고 있다. 이것들이 우리말의 발달사를 연구하기에 긴요한 고리 역할을 해 준다. 따라서 사투리에 대한 일차적인 관심은 방언학자 및 국어학자들에게 크다. 소위 언어적 가치 때문이다. 이를테면, 제주도 사투리에 옛말인 'ᄋ'(아래 아)가 남아 있다는 것은 잘 알려진 사실이다. 또한 경상도에서는 '더워'를 '더버[더버]', '추우면'을 '추부모[추부모]'라고 하는데, '더벙, 추부모'에서의 'ㅸ'(ㅂ순경음)도 15세기에나 있었던 소리이다. 그런데 지금의 경상도 사투리에 'ㅸ'이 남아 있다는 것은 우리의 말소리 'ㅂ'이 역사적으로 어떤 변화를 겪은 것인지 문제의 해결에 단초를 제공하는 화석과 같은 존재이다. 이렇게 사투리가 언어적으로 가치가 있다는 것은 우리의 귀중한 문화가 될 수 있다는 점이다.

또한 사투리는 사회 문화적인 가치도 크다. 사투리는 해당 지역의 색깔을 간직하고 있어 지역민들의 향토성과 정체성을 도모하는데 유용하게 사용될 수 있다. 실제로 각 지역의 문화 콘텐츠로써 사투리가 활용되고 있음은 주목할 부분이다. '좋은데이'는 경상도 주류회사의 상품 이름이다. '집에 간데이' 등에서 종결하는 '-다'에 친밀감이 더해진 의미로 쓰이는 종결어미 '-데이'는 경상도 사투리인데, 외국어 'day'를 동음으로 사용하면서 술 마시기에 좋은 날로, 중의적인 의미를 부여하여 지역 상품의 홍보를 극대화한 것이다. 일차적으로 경상도 사투리를 지역의 상품에 반영하였다. '달고 시원하니더, 봉화 수박', '화끈하니더, 봉화 고추', '먹어 봤니껴?, 봉화 사과'도 지역 산물의 홍보에 경상도 말의 특징적인 사투리를 활용한 것이다. 생산물인 '수박, 고추, 사과'의 맛을 한층 높여 주고 있는 표현이다. 경남 통영의 전통 시장 출구에 활용된 '또 보입시더'도 마찬가지이다.

'와보랑께'는 '와보라니까'에 대한 전라도 사투리이다. 전남 강진에 위치한 '와보랑께 박물관'은 전라도 사투리와 더불어 민속생활용품 등으로 재미있게 꾸며져 있다.

전라도에는 광주은행에서 출시한 '아따매! 장터사랑 대출' 상품의 '아따매'가 있다. 놀라움이나 기쁨을 표현할 때 사용하는 전라도 특유의 사투리이다. 지역 상인들을 위한 상품이기에, 사투리로 정서적 공감대를 형성하기 위한 전략일 듯하다. 보다 적극적인 사투리의 활용도 있다. 광주광역시의 공용자전거 '타랑께'와 전남 강진의 '와보랑께 박물관'이다. '타랑께'와 '와보랑께'에서는 특유의 전라도 말투가 묻어 난다. 특히 '와보랑께 박물관'은 손때 묻은 민속품을 통해 잊혀진 과거를 체험하는 곳이다. 입구에서부터 걸쭉한 전라도 사투리가 오는 이를 반긴다. 와서 보면 정겨운 전라도 사투리의 진수를 경험할 수 있는 데, 진열된 민속품들과 은근한 조화를 이룬다.

· "군불 때고 갈랑께 언른 가야."
· "엄니 깜밥도 없능가."
· "꼬랑지 달렸냐? 문 안 닫고 댕기게. ...."

대전광역시의 공용 자전거 이름은 '타슈'이다. '타시오. 타세요'에 대한 전형적인 충청도 사투리다. 또한 택시의 안내문에서도 '먼저 가슈'와 같은 양보하는 충청도 사투리가 눈에 띈다. 충남 부여의 한 전통시장 입구에도 '와바유. 맛바유. 사바유!'같은 충청도 사투리가 보인다. 충청도 사투리 화자들에게는 공감되는 말투이다.

'타슈'는 '타시오'에 대한 충청도 사투리이다. '타슈'는 대전광역시가 시민들의 편의를 위해 운영하는 대전 시민 공영 자전거 이름인데, 타는 자전거에 어울리는 사투리이다.

'와바유. 맛바유. 사바유'는 '와 봐요. 맛 봐요. 사 봐요'에 대한 충청도 사투리이다. 시장에서 이루어질 수 있는 행위가 충청도 사투리에 잘 담겨 있다.

이들은 그 어디에도 그 지역의 토박이들을 비하하거나 특정 지역을 부정적으로 묘사한 것은 없다. 오히려 표준어에 밀려 쇠락해 가는 사투리 보존의 몸부림들로 읽혀진다. 감성을 자극하여 공감하기에 충분하기 때문이다. 사투리에 대한 부정적인 인식에서 긍정적인 인식으로의 전환이 이루어지는 부분이다.

- "원 동네가 한 사십호 남짓 해써씨유. 사십호 남짓 했는디 그링께루 그때가 70년대만 해두 우리가 한 20호 이상 살었거든유. 엊그제 보니께루 한 여나무집 배끼 읍써유."
- "난 농사만 짓구 살었이니께. 그때는 땅게 읍써유. 밭에넌 보리갈구 보리간 담이넌 인저 보리거더내구서 콩심구 팟을 심는 거. 그렁 거배끼 읍찌유."
- "내가 지금 자식이 4형젠디 우리 자식덜 4형제는 즈이덜끼리 다투구 이러는게 읍써유. 메누리가 넷인디 우리 친구들한티 그래유. 그래 친구덜이 여기 식당이 와서 모임가튼 거, 자주 와서 먹어유. 00 친구덜 집이 가보문 참 메눌네구 자식덜이구 다 효자구, 거식카다구 말여."
- "자기 사우가 자기 보구 아버님이라구 한댜. 사우가 아버님이라구 하문 워티기 되는지 아슈? 욕두 그런 욕이 읍써유. 아버지라구하문 내가 그 사람을 나씨야 아버지야. 그라문 사우가 아버지라구 하문 사돈댁하구 당신하구 개를 맨들은 겨."

(대전 유성 박00 할아버지의 생활 구술)

사투리에는 사람 사는 모습이 생생하게 담겨 있고, 사람 사는 냄새가 풀풀 난다. 사투리를 사용하는 사람들의 공감과 공동체 의식과 일체감의 힘이 크기 때문이다. 따라서 사투리는 더 이상 과거의 케케묵은 유물이 아니다. 문학 작품이나 TV의 개그 프로 등에서 순간 웃는 흥밋거리로 여겨서는 안 된다. 동물원의 우리에 가둔 희귀동물로 보존할 것도 아니다. 사투리는 오늘도 우리나라의 곳곳에 살아 숨 쉬고 있다. 우리와 함께 호흡할 한국어로서 더 활용되어야 할 문화유산이다.

고금을 막론한 많은 문학 작품 속에서 감칠 맛나고 정겹고 향토색 짙은 사투리를 만나지 않았는가. 그리하여 문학 작품의 지역성이나 현장성, 나아가 심미성을 강화하는 데에 기여한 것이 사투리가 아니던가. 사투리는 우리의 삶과 문화적 힘이 압축되어 숨 쉴 곳을 찾는 귀한 문화유산이다.

표준어도 우리말이지만, 사투리도 어엿한 우리말이다. 사투리에도 긍정적인 가치가 부여되어야 한다. 그럴 자격이 충분히 있는 말이다. 따라서 다양하고 우리만의 독창적 표현을 위해 더 사용되고 활용되어야 한다. 그래야 우리말이 더 한국적이고, 오늘의 글로컬리즘(Glocalism)에 부합한다.

현대는 문화적으로도 경쟁하는 시대이다. 그 경쟁은 더 치열하고 경쟁의 양상도 다양하다. 그 중에 소프트파워로서의 문화가 그 경쟁을 주도하고 있다. 사람들을 설득하고 매료하고 사람들과 공감하고 호감을 사게 하는 능력이 문화에 있기 때문이다. 우리의 문화를 우리가 무시하고 우리가 돌보지 않는다면, 우리는 도대체 누구인가? 우리의 말이요 문화인 사투리를 천대하고 우리가 들어주지 않는다면 누가 들어주고 누가 보존하고 누가 사용할 것인가?

사투리는 우리나라의 문화를 압축해 놓은 보석과 같은 존재다. 이제라도 우리 모두가 사투리를 긍정적으로 인식하게 된다면, 열등하다는 편견을 버린다면, 그것이 진정으로 우리말의 세계화를 위한 초석이 될 것이고 소프트파워로서의 우리말 문화의 힘을 키우는 것이 된다.

이처럼 사투리는 언어적으로 사회적으로 문화적으로 가치가 있다. 따라서 사투리는 반드시 살려야 할 우리의 무형문화유산이다. 여전히 어디에선가 '지역'의 문화적 가치를 키워 가고 있는 언어 자원 중의 하나이기 때문이다.

그럼에도 불구하고 사투리는 지금도 힘겹게 가파른 숨을 내쉬며 우리의 삶에 작용하고 있다. 사투리에 대한 오해와 편견으로 인한 부정적 인식이 개선되지 않고 지속된다면, 궁극적으로는 사투리가 소멸될 수도 있다는 걱정스러움이 있다. 생각하고 싶지 않은 부분이다. 그러나 표준어 교육에 따른 표준어만의 사용으로 인해 현실적으로 사투리는 뒷전으로 밀려나고 있다. 또한 방송이나 신문과 같은 매체는 여전히 표준어 원칙이다. 드라마나 영화 등에서 사투리가 다루어지지만 여전히 촌스럽고 천박한 사투리에 대한 사회적 판단을 보여주고 있을 뿐이다. 사투리 화자가 대부분 노년층에 치우쳐 있다는 점도 우려스러운 부분이다. 궁극적으로 사용자가 줄어든다면 사투리는 없어진다. 사용되지 않으면 없어진다는 것은 자명한 사실이다.

사투리가 왜 보존되어야 하는지, 사투리에 대해 그 가치와 위상을 제고할 정책이 필요하다. 교육이 필요하고 일반인들의 관심이 필요하다. 표준어를 기준으로 삼는 방송 언어의 문제도 탄력적으로 운용될 필요가 있다. 그래야 소멸 위기란 말이 나오지 않을 것이다. 사투리는 여전히 그 행간마다에서 토박이들의 삶의 희로애락이 넘쳐나는 마르지 않는 샘물이기 때문이다. 사투리든 사투리 화자든 사투리가 사용되는 지역이든 우리와 함께 계속 가야할 운명공동체들이기 때문이다.

· 충청도: "난 연태까장 그런 얘긴 츰 들었네."
· 전라도: "거시기 아쌀하게 해불자."
· 경상도: "퍼뜩 밥묵자!/밥묵재이."

사투리에 대해, 이제는 개성 있는 말투이고 지역의 정서와 향토적인 정감이 녹아 있는 우리말로 긍정적인 평가가 더 내려지기를 기대해 본다.

3. 충청도 사투리의 형성과 특징

"충청도 사투리는 느려 터지지? 안 그려?"

일찍이 교육이 덜 이루어지고 매체와 교통이 덜 발달되었던 이른 시기에, 한반도의 동남지역에는 경상도 사투리가, 서남지역에는 전라도 사투리가 형성되었다. 평안도 사투리와 함경도 사투리도 마찬가지다. 충청도는 경기도, 강원도, 황해도와 더불어 한반도 중부 지역의 사투리로 일컫고 있지만, 차령산맥과 금강이라는 지리적 장애가 충청도의 사투리를 형성케 한 것으로 보는데 큰 이의는 없는 듯하다.

이처럼 사투리들은 하나의 우리말이 여러 지역에서 분화하여 만들어진 말들이다. 하나의 우리말이 강이나 산, 바다와 같은 지리적 장애에 의해 단절됨으로써 서로 달라져 지금은 독자적인 언어의 모습을 갖추었다. 이렇게 지역적으로 사투리가 만들어지는 것은 자연스럽다. 그래서 우리말은 여러 지역의 사투리들을 가지고 있다. 어느 나라에나 일정한 공간을 토대로 한 사투리들이 여럿 존재한다.

이러한 사투리들이 어디에, 어떤 형태로 존재하는지 이해하는 것은 중요하다. 이는 일차적으로 우리말을 이해하고, 우리말이 올바른 방향으로 발전할 수 있도록 사투리 연구의 기초가 되기 때문이다. 행정구역 상 충청도의 사투리도 마찬가지이다.

충청도 사투리는 한 동안 경기도, 강원도, 황해도 등과 함께, 경기방언권(소창진평 1918) 또는 중선방언권(하야육랑 1945)으로 불리며 그 독자성을 인정받지 못하였다. 다행히 1960년대에 도수희(1963, 1965) 선생에 의해 충청방언권의 설정 문제가 제기되고, 그 독자성이 인정되어 오늘에 이르고 있음은 참 다행이라 할 수 있다. 충청도 사람들에게 충청도 사투리, 충청도 방언이라는 말을 통하여 정서적 일체감을 갖게 하기 때문이다.

지리적으로 충청도는 여전히 그 자리에 있다. 다른 지역과 마찬가지로 들어온 사람이 있고, 떠난 사람도 있는 곳이다. 그렇지만 머문 충청도 사람들이 있었기에 오늘의 충청도 사투리가 있는 것이다. 그들의 삶이 오랫동안 축적되어서 말이다.

우리는 낯선 사람을 만나면 '이 사람이 어떤 사람일까?' 하는 궁금증을 갖는다. 남자인지 여자인지, 젊은 사람인지 나이가 많은 사람인지는 금방 해결된다. 심지어 무엇을 하는 사람일까도 미루어 짐작할 수 있다. 외모나 행실을 통해 조금은 읽어낼 수 있기 때문이다. 그런데 어디에서 온 사람인가. 그 출신 지역에 대해서는 도무지 알 수가 없다. 대화를 통해 상대의 말을 듣기 전까지는 그렇다.

적어도 같은 지역 사람이라면, 상대방의 말 속의 높낮이나 강세와 같은 말투 정도로도 대략 같은 지역 사람인지 아닌지를 짐작할 수 있다. 또는 특징적인 단어나 표현으로 알 수 있다. 표준어인 부사 '얼른'에 대해, '퍼뜩'을 쓰면 경상도 사람이고, '언능/싸게'를 쓰면 전라도 사람이다. '혼저'[혼제]를 쓰면 제주도 사람인 것을 어림잡을 수 있다.

또한 표준어인 "할머니, 어디 가십니까?"에 대해, "할매/할마시/할무이, 어디 가십니꺼? 어디 가니껴? 어디 가는교?" 하면 경상도 사람이다. "할마니/할매/할무니/함매, 어디 가시요? 어디 가시지라우?" 하면 전라도 사람이고, "할마니/할망, 어디 감수꽈? 어디 감네까?"하면 제주도 사람이다.

여러 지역의 사투리에서는 '얼른'을 '퍼뜩, 언능/싸게, 혼저'라 하고, '할머니'를 '할매/할마시/할무이/할마니/할매/할무니/함매/할망'이라 한다. 듣는 사람을 존대해주는 말끝의 어미도 '가십니꺼? 가니껴? 가는교? 가시요? 가시지라우? 감수꽈? 감네까?' 등 지역마다 다른 모습이다. 이와 같은 '다름'은 태어나서 자란 지역의 말인 사투리의 다름이고 그 사투리의 특징들이다.

그런데 충청도 사람들은 '얼른'을 "어여 와~. 어여 가~."처럼, '어여'라 한다. 표준어 "할머니, 어디 가십니까?"에 대해서도, "할무니, 워디/오디 가세유~?"처럼, '할머니'를 '할무니', '어디'를 '워디/오디', 문장의 끝에 있는 존대어미 '-요?'를 '-유?'라고 길게 늘어뜨리면서 '가세유~?'라고 묻는다. 여기에 충청도의 지역적인 말투까지 가세하면, 다른 지역의 사투리와 구별되는 독특한 충청도 사투리를 듣게 된다. 이것이 충청도 사람임을 알려주는 중요한 정보이다. 외모나 행실이 아니라 독특한 충청도 사투리 말이다.

이처럼 충청도 사람임을 알려 주는, 그래서 충청도 사람들에게 동질감을 갖게 하는 충청도 사투리는 몇 가지 특징들이 있다.

첫째, 충청도 사투리의 말씨, 말투와 같은 말의 가락은 말꼬리를 길게 빼서 늘어뜨린다는 점이다. 말끝을 길게 빼는 것은 경상도 사투리처럼 높고 낮은 것이 아니라, 오히려 전라도 사투리처럼 말의 길이를 중히 여긴다. 그렇지만 전라도 사투리와도 말의 꼬리에서는 확연히 구별된다. 충청도 사투리의 독특한 말의 가락이다.

충청도 사투리하면 가장 먼저 떠오르는 표현이 있다.

· "아부지~, 돌 굴러가유~"

느릿느릿 말하는 듯 말끝을 다소 길게 뺀 것이다. 그러나 실제 말의 속도가 느린 것은 아니다. '-지~, -유~'처럼, 말꼬리에 한두 박자를 더해 얹어준 것이 듣는 사람에게는 '느린 것'으로 인식이 되어 충청도 사투리의 특징으로 일반화된 것이다. 긴 말꼬리에서 연유된 느리다는 인식은 행동이 느리고 그래서 게으르고 답답해하는 것에 연결되어 무엇보다 충청도 사람들에 대한 부정적 이미지를 갖게 한 것으로 본다. 충청도 사람들은 행동이 민첩하지 못하고 반응이 늦어 굼뜬 사람들이라고 빗대는 것이다. 심하게는 멍청도라는 말도 있었다.

그래서 순박하지만 어리석은 사람으로 특정화되어 드라마나 영화, 소설 속의 인물로 등장하기도 한다. 이를테면, 조동길 작가의 〈금이화냥(달걀로 바위 깨기)(새미, 2000)〉 작품 속에서, 충청도 사투리의 화자들은 어리숙함을 보이며 사기를 당하는 사람들로 묘사되고 있다. 영화나 드라마에서 하위 계층의 인물로 충청도 화자가 종종 등장하기도 한다. 영화나 드라마 등 대중 매체가 사투리에 대한 부정적 이미지를 만들어 놓았다. 그리고는 사투리 화자에 대한 왜곡된 시선을 확산하는데도 대중 매체는 기여한 바가 있다. 그 결과 충청도 사투리에는 긍정적이기보다는 답답하고 굼뜨다는 부정적 인식이 각인된 것이다.

· "서둘지 말구 셔 가면서 셤셤덜 혀~."

그러나 느리다는 인식이 결코 부정적인 것만은 아니다. 사회적인 인물로서 양반에 연결되는데, 양반은 항상 뒷짐을 지고 느릿느릿한 걸음걸이를 보여준다. 충청도 양반이다. 이 양반은 부정적인 이미지보다는 점잖고 예의바르며 여유 있는 긍정적인 이미지다. 느린 듯하지만 유연함이 있고 여유로움이 있기 때문이다. 이것이 충청도 사투리에 대해 느리다는 인식에서 야기된 여유 있는 충청도 사람들의 기질이요, 충청도 사투리의 매력이 여유에 있음을 보여주는 것이다.

결국 느리다고 하는 충청도 사투리는 말끝을 길게 늘여 안정감과 친근감을 주는데, 이는 우리의 전통적인 민족 정서에 기반을 둔 것이다.

둘째, 충청도 사투리는 그 말속에 충청도와 충청도 사람들의 태도를 반영하였다는 점이다. 즉 땅과 그 땅 위에 있는 모든 것, 특히 그 땅 위에서 살았고, 살고 있는 사람들의 사고와 태도이다. 그래서 독특한 표현들이 넘쳐 난다.

· 아주머니: "아저씨, 저짝 배차 이천원이문 비싼디, 쪼끔 깎어줘유~."
· 아저씨: "됐유~."

되긴 무엇이 되었다는 것인가. "됐유~"라고 하면 깎아 준다는 것일텐데, 충청도 사투리로는 안 깎아 준다는 대답이다. "됐유~"하며, 시선을 다른 곳으로 돌리면서 말끝을 내린다면 이는 충청도 사람이다. 여기에 다른 뜻은 없다. 단호하지도 않다. 간단하지만 명료할 뿐이다. 그렇다고 감정이 상할 일도 아니다. 충청도 사투리의 직설적이지 않고 우회적인 표현이다.

· 갑: "이따가 대포 한 잔 허넝 거 말여~, 워떠~?"
· 을: "봐서~."

속 터지는 대답이다. 언뜻 '그래'의 긍정이나 '아니'와 같은 부정의 대답이련만, 충청도는 막걸리 한 잔 같이 하자는 것도 생각해 본단다. 그러나 화날 일도 아니다. 조금은 답답할지 모르지만 신중함이 묻어난다.

· 갑: "집이 딸래미 여우구. 훌륭한 사우 맞었다면서? 돈두 많구."
· 을: "아니 뭐, 그... 넘들두 다~ 그런디유 뭐~."

충청도 말투는 직설적이거나 과격하지 않고 차분한 편이다. 상대방을 치밀하게 배려하는 신중한 화법이다. 내가 하고 싶은 말만 하는 것이 아니다. 충청도 사투리의 또 하나의 매력이요, 특징이다.

일찍이 조선 태조 이성계가 개국 공신 삼봉(三峰) 정도전에게 조선 팔도의 사람을 평해보라고 했을 때 충청도 사람들에 대해 '맑은 바람 속의 밝은 달', 즉 청풍명월(淸風明月)이라 평했다고 한다. 그리고 이중환의 택리지(1751)에서는 충청 사람들의 말에 대해, 다른 지역에 비해 비유적인 말을 사용하고 거기에는 정감이 있다고 하였다.

결국 충청도 사투리는 말끝을 길게 늘어뜨림으로써 야리끼리허거나(아리송하거나) 밍기적거리는(미적미적하는) 듯하여 속이 터지는 인상을 주기도 한다. 그러나 '얌즌헌 말투로 보문 느싯허게(여유 있게) 지둘르는' 여유가 있고, 상대방에 대해서는 직설적이지 않고 신중한 배려가 들어 있기도 하다. 때에 따라서는 승깔두 부리지만 말이다.

셋째, 충청도 사투리에 담겨 있는 일상의 단어들 중에는 다른 사투리들과 구별되는 경우가 있다. '하냥, 개갈, 들구, 툼벙/둠벙, 됩때, 겟국지' 등은 충청도 사투리에서만 쓰이거나 주로 쓰이는 말들이다. 이것은 분명히 이 지역 사람들에 의해서 만들어진 것일 텐데, 이것도 충청도 사람인지를 알려 주는 충청도 사투리의 특징적인 말투이다.

- "혼저넌 심들어 뭇써, 하냥 혀~!"
- "하는 짓이, 참 개갈 안나네"
- "짠 것을 들구 먹어대니께 물만 쓰지!"
- "애덜이 툼벙/둠벙이서 뭘 잡겄다구 저런댜~."
- "똥뀐 늠이 됩때 화럴 내능구먼."
- "겟국지넌 스산 지방이서 유명허지유."

여기에 표정도 있고 몸짓도 더해지면, 그리고 충청도 특유의 느린 듯한 말투까지 더해지면 영락없는 충청도 사투리요, 그 사람은 충청도 사람이다.

또한 '도치, 지랑, 새뱅이, 낭구'같은 단어들처럼 충청도 사투리는 역사도 품고 있다. 역사를 품고 있다는 것은 지금과는 다른 과거를 안고 있다는 이야기이다. 언어적으로, 수백년 전에 쓰이던 단어들이 충청도 사투리에 남아 있기 때문이다. 오늘의 충청도 사투리가 어떠한 존재인가를 알려주는 무형의 문화유산들이다.

· "큰 장작을 빼갤라문 도치질을 이르키 허야 허능겨~."
· "국이 싱겁구먼, 지랑좀 후딱 떠오니라."
· "쬐끄만 새뱅이넌 잡어다 뭐햐~/뭐혀~?"
· "이리키 추운디 워디루/오디루 낭구하러 간다는겨~?"
· "낮인 바티서 무수 뽑구 밤인 마실 가구."

'도치(〈도ᄎᆡ(斧))'는 옛날 15세기 문헌에서 '도끼(〈돗귀(斧))'와 쌍형어를 이루었던 말이다. 그리고 16-7세기의 요리 관련 문헌에서 볼 수 있었던 '지랑'은 오늘날 '간장'이다. 이들이 충청도 사투리에 남아 있다. '새우'를 '새뱅이'라고도 하는데, '새우'의 옛말 형태에서 'ㅂ'을 확인할 수 있고 '나무'는 옛날 문헌에서 '낡(木)'으로도 쓰였었는데, 발달형인 '낭구'에 그 흔적이 남아 있다. 또 '무, 아우, 마을'을 충청도 사투리로는 '무수, 아수, 마실'이라고도 한다. 'ㅅ'이 쓰였던 옛말 형태들을 간직하고 있는 것이다. 충청도 사투리만이 간직하고 있는 단어들과 옛말의 형태들도 충청도 사투리의 한 특징이다.

넷째, 충청도 사투리에는 발음에서도 다른 지역의 사투리들과 구별되는 면이 있다. 발음이라면 전문용어로 음운현상이라고 할 수 있는데, '어른→으른, 거짓말→그짓말, 없어→읎어'처럼 '어'를 '으'로 발음하고 '-도→-두, -고→-구,처럼 '오'를 '우'로 발음하는 것을 어렵지 않게 들을 수 있다.

· "으른덜이 그라는디, 집안이서 헌 말을 밖이루 물어내지 마랴~."
· "아부지한티 그짓말하는거 아녀~."
· "개뿔두 읎구먼, 큰 소리치구 야단여 야단은."

· "나두 옛날인 심좀 썼었지."
· "성따라 가구 싶으문 가."

· "아부지, 이 솟얼 워따 놔유~?"
· "파장이니깨, 몽땅 각구가유~."
· "이짝저짝 다 돌어 댕기메 찾어 봐두 읎씨유~."

특히 '오'를 '우'로 말하는 것은 대표적인 충청도 말투의 '-요〉-유'를 형성한 중요한 기제로 여겨진다.

그리고 말을 끝맺을 때 사용하는 종결어미 '-대, -ㄴ대, -는대'에서 '-대'를 '-댜'로 길게늘어 뜨려 말한다. '애'를 '야'로 말하는 경우이다.

· "그집 샥씨가 스산이서 왔는디 읍칭이 이뿌댜~."

· "이응선(영선)이가 온댜, 안 온댜~?"
· "해 올러오기 전이 꼬추따야 되니깨 빨리빨리 먹으랴~."

또한 의문문에 쓰이는 명사나 부사의 '어디, 언제, 얼마' 등에서의 '어-'를 '워-'로, 더 나아가서는 '오-'로도 말한다. 다른 지역의 사투리에서 들을 수 없는 충청도 특유의 발음들이다.

· "야가 워디께서/오디께서 헤메구 있능겨~?"
· "지가 가문 워디루/오디루 가겄어. 만나기만 하문 내 기냥 안 둘겨."
· "느 성 원제/온제 온다니? 오긴 오능겨?"
· "월마/올마 되두 않넌걸 갖구 끙끙댜~. 그리키 읎어~?"

'여'를 '이으'(=으̇)로 말하는 것도 대표적인 충청도 사투리 발음이다. 일찍이 세종대왕께서 훈민정음(한글)을 창제할 때, '이으(=으̇)라는 소리가 있음을 알고 이 소리를 적기 위한 글자 'ᆜ'를 제안한 바도 있다. 이 사실은 〈훈민정음 해례본 합자해〉에 '혹 아이들 말이나 시골 사투리에 쓰이는 소리를 적기 위해 ᆝ ᆜ와 같은 글자'를 보여 준 데에 있다.

· "뭔 말인지 이응(영) 못 알어 듣겄어. 뭐가 그리 급혀, 츤츤히 말혀~."

· “이응감(영감), 움말 마실댕겨올테니깨, 복실이 밥두 주구, 집 잘 봐유~.”
· “이~ 그려~ 이음려(염려)말구 잘 댕겨와~”

그런데 같은 충청도라고 해도 내륙의 동쪽 지역과 서해에 닿아 있는 서쪽 지역의 사투리가 다른 것도 한 특징이다. 이를테면, ‘잘 해’를 충청도 내륙 지역에서는 ‘잘 햐’라고 하는데, 내포 지역을 포함한 서쪽 지역에서는 ‘잘 혀’라고 한다. 또한 긍정의 대답으로 ‘그래’를 ‘그랴 - 그려’ ‘나물’을 ‘나물 - 너물’이라고도 한다.

· “어리서넌 나미집/나무집 ~ 너미집/너무집이서 머심두 살어봤지유~.”
· “하구 많은/허구 많은 사람두구 해필 왜 나여~!”

물론 충청도 사투리는 경기도와 인접한 북쪽 지역과 전라도와 인접한 남쪽 지역, 강원도와 인접한 동북지역, 경상도와 인접한 동남지역에서 각각 접촉 지역의 사투리들과 혼합된 모습이 관찰되기도 한다. 그렇다고 본연의 충청도 사투리가 아주 없어진 것은 아니다. 충청도스러운 사투리가 기저에 흐르고 있기 때문이다. 따라서 충청도 사투리는 충청도만의 독특한 지역적 색깔을 반영함으로써 지역민들의 정서적 일체감과 향토성을 도모할 수 있는 좋은 문화 자산이다. 한 마디 한마디, 말하는 표정마다에는 언어적으로 사회적으로 문화적으로 보물처럼 숨겨진 충청도의 이야기가 있기 때문이다.

4. 충청도 풍경

"충청도가 좋지유? 안 그류?"

" 말허문 뭐혀."

충청도란 지명은 충주(忠州)와 청주(靑州)에서 앞의 한 글자씩을 따 지은 이름이다. 고려 예종대(1106년)에 양광충청주도(楊廣忠淸州道)를 시작으로 이름을 얻은 충청도는 오늘날 북쪽의 경기도와 남쪽의 전라도 사이에 위치해 있으며, 동쪽으로는 강원도와 경상도, 그리고 서쪽으로는 서해 바다에 접해 있다.

이곳 충청도에는 무엇이 있을까? 알베르 카뮈의 장편 〈페스트〉 제1부 앞부분에서, 어떤 한 공간(도시)을 아는 편리한 방법은 거기에서 사람들이 어떻게 일하고, 어떻게 사랑하며, 어떻게 죽는가를 알아보는 것이라 하였다.

충청도에는 우리 조상들이 살았으며, 지금도 충청도 사람들이 일하고 사랑을 나누는 공간이다. 우리들의 소소한 일상이 그대로 있는 곳이다. 이곳 사람들이 충청도의 주인으로서 세상을 바라보고 인식한 것을 충청도 사투리에 담아 놓았다. 따라서 이 독자적인 충청도 사투리가 오늘도 충청도를 사람 사는 공간으로 채워가고 있다.

#장면 1

건물을 따라 길가에 장이 섰다. 장사꾼들과 손님들로 북적이는 장터 한 켠에, 허리가 많이 굽은 할머니가 소쿠리에 상추를 싸 놓고 앉아 있다. "할무니, 쬐끔 더 줘유." "많이 비싸졌어." 그러면서도 할머니는 손님의 검은 봉지에 한 줌을 더 쥐어 넣어 준다. "우리 바티서 직접 키운겨, 싱싱하구 맛있어." 흥정은 없는 듯하고, 인심이 넘쳐나는 장터다.

#장면 2

"대현아! 아들! 한 숙깔만 더 먹자. 응?" 어눌하면서도 말투로는 충청도가 아닌 듯, 결혼 이주 여성이 서너 살 돼 보이는 아들한테, 밥을 먹이려고 애쓰고 있다. "당신이 메겨 봐유, 밥을 너무 안 먹어서." "억지루 메기지 마. 배고프문 지가 먹을틴디 머." 아빠라고 근엄한 척 한 마디 내뱉는 남편. 최근의 다문화가정이지만 낯설지 않은 장면이다. 충청도 사투리가 엇비슷하게 묻어 난다.

#장면 3

"뭐 혀!" 논가는 모습을 빤히 보면서 묻는다. 그렇지만 논을 갈고 있느냐고 묻는 것이 아니다. 지나가면서 아는 척하며 인사하는 익숙한 방법이다. "뭔일 있유?" 대답은 건너뛰고 되레 묻는다. "아녀. 기냥... 저기, 읍내 가능 겨." 그리고는 무심하게 발길을 돌린다.

....

논일 끝내고 읍내에서 막걸리 한 잔 하자는 충청도식 촌로들의 소통 방법이다.

#장면 4

12월 초 날씨가 제법 추워진 시기이다. 이때쯤 충청도의 시골에서 볼 수 있는 풍경이 하나 있다. 온 가족이 모여 김장 담그는 풍경이다. 햇볕 드는 마당 한 켠에 급한 대로 비닐로 바람막이를 설치해 놓았다.

"어여덜 나와!" 어머니의 새벽 외침에 "나가유! 나가." 아들 딸 며느리 사위들이 총 동원되었다. 수돗가에는 절인 배추가 광주리 몇 개에 넘쳐 나고, 아버지는 추울세라 양철통에 장작불을 지펴 놓았다.

"편허게덜 잔겨? 올히 짐장은 많지 않은께 해지기 전이 빨리 끝내는겨. 사우덜은 쟁인 허능거 있이문 도와주구. 큰애하구 둘째넌 저 배차덜을 이짝이루 날러라. 메누리하구 느덜(딸)은 나랑 양님얼 버무리구.”

온 식구가 어머니의 지시에 따라 일사불란하게 움직이는 모습이다. 이 와중에 마당 저편에서는 아버지가 사위들과 함께 수육과 막걸리를 한 잔 하고 계신다.

“짐치 통덜 가져 왔지? 사우덜은 통에 느서 각자 차이다 싣구”

바쁜 움직임일 듯하지만 질서있게 움직이는 것이 예사롭지 않은 김장 담그기다.

흔치 않지만, 아직은 충청도 시골에서 볼 수 있는 풍경이다. 언제까지 이 풍경을 볼 수 있을지.

#장면 5

“어지끼까정 준다구 혔자너~.” 화도 나고 싸울 기세다. “쬐끔만 더 지둘러바.” 채무자 같은데 더 느긋하다. “옛날이두 그랬구먼서루.” 짜증난다는 투다. “허이, 참. 그 멫푼이나 된다구 그랴~” 약을 올리는 말투다. 그러니 돈을 빌려 준 사람이 화가 날만도 하다. “멫푼? 그 돈이 쪽다구?” 목소리가 문밖으로 흘러 나간다. 이 와중에 친구 한 사람이 중재한다. “구만덜 혀. 애덜보기 남부럽잖어?” 또 다른 친구도 한 마디 거든다. “아이구! 정정허시네. 쌈박질덜 허능거 보니께.” 마을 어귀에서 어쩌다 볼 수 있는 어른들의 말싸움이다.

충청도 공간에서 충청도 사람들이 살아가는 일상적이고 정겨운 풍경들이다. 여유가 있고 상대를 배려하는 충청도 사람들의 홍취가 흠뻑 묻어난다.

· "그링께루 인저 짐장하구서 남한티 대접을 한다든지 하는 경우에는 인저 빨갛게 거식한거루 이리키 하구. 식구찌리 막 먹는 디는 그냥 히나리 좀 세낀놈두 그냥 해가지구 버무려서 하구 그래유. 근디 그것은 히나리라 해서 안 매운 것은 아녀유."

· "근디 메태전이두 내가 인분을 줘가지구서 재배를 해 봐씨유. 별도로, 근디 화학비료만 쓴거하구 인분 준 거하구 맛이 확실히 달러, 인분 준 것이 맛이 훨씬 나서유. 감미가 있구. 더 아삭아삭한 이런 거시키가 있구, 달러유. 크기는 화학비료를 주는 것이 더 잘 크지. 근디 맛, 감미라는 건 달러유. 내 그라는겨, 지금두 많이 몰러서들 그렇지 인분을 줘서 갖다 내비리문 인분 줘서 채소 농사 지야한다. 난 지금두 그류."

· "논이다는 풀을 해야 하는디, 산이 가서 풀 깎어다 노쿠 거름, 저 미루나무 가튼디, 장때루 따 가지구서루 이파리를 피문 가지 따 가지구서루 작두루 쓸어서 논이다 헛치구서 거름을 줘씨유, 거름을."

· "징글징글 했어유. 죽지 못해 살은 거구." "새복이 눈뜨문 밥 한 숙깔 뜨는 둥 마는 둥 하구 바티루 뛈박질하듯 가서는 저녁 늦더락 밭고랑이서 쭈구려앉어 죙일 풀 뱁구 또 늦이막이 집이 와서는 대충 서러지하구 뻗어자는 거지유. 워티기 살었는지 모르지유." "휴~~~"하는 긴 한숨 소리에 고단한 삶의 여운이 들려온다.

충청도 공간에서 생활하는 사람들은 고단하고 힘든 삶도 있었다. 그렇지만 순박하고 부지런한 마음까지 간직한 사람들이다. 그래서 이곳 충청도는 먼 훗날에도 그리움으로 새겨질 고향이고, 항상 돌아가고 싶은 공간으로 남아 있다. 그때도 충청도 사투리는 여전하리라는 믿음을 가지고 말이다.

| 제 2장 |

사투리로 말하다

사투리로 읽어 보는 충청문화

| 제 2장 |

사투리로 말하다

1. 깨작깨작 말구 더떡더떡 퍼 먹어

» 공펭히야 헐 벱이

- 공평해야 할 법이

전국시대 진(秦)의 재상 상앙(商鞅)은 법으로 부국강병을 이룬 최초의 인물이다. 그 옛날 중국의 변방 오랑캐로 취급받던 진나라는 제25대 효공(孝公) 대에 이르러 강력한 중앙집권 국가로 성장한다.

2400년 전의 전국시대(戰國時代), 주(周)나라는 왕실의 권위를 완전

상실하였다. 천하는 대립과 반목으로 치달았고, 제후국들은 부국강병을 통한 생존을 위해 몸부림쳤다. 그때 빛을 발한 사상이 법가(法家)였다.

상앙의 본명은 공손앙(公孫鞅)이다. 그는 진나라 효공에게 발탁되어 법률에 의한 정치 개혁을 단행했다. 당시 진나라는 군주보다 귀족과 원로대신의 권력이 더 컸다. 이에 왕권을 강화하려는 효공의 뜻에 맞춰 공손앙은 새 법률을 제정하고 엄격하게 집행하였다. 법률에 의한 그의 개혁정치는 큰 성공을 거두어 진나라는 단 시일에 최강의 국가로 일어섰다. 이 공로로 효공로부터 상(商)나라를 봉토로 받았고, 그 후로 사람들은 그를 '상앙'이라 불렀다.

그는 법을 어기는 이는 지위 고하를 막론하고 법대로 처벌하였다. 그런데 어느 날 태자 어융(圉戎)이 법을 어겼다. 태자를 벌할 수 없었던 그는 태자의 스승 건(虔)을 잡아다 코를 베는 형을 내렸다. 건은 효공의 형이었다. 건은 이를 수치로 여겨 평생 집밖에 나오지 않았다. 이후 태자는 또 법을 어기는 일을 했다. 그때도 태자의 스승인 공손가(公孫賈)가 얼굴에 문신을 새기는 벌을 받았다. 태자의 작은 실수로 시종이 사형을 당하기도 했다.

이런 일로 상앙은 태자 어융에게 미움을 샀다. 효공이 죽자 상앙은 곧바로 거열형(車裂刑)에 처해졌다. 저잣거리에서 다섯 마차에 팔다리와 목이 묶였다. 마차가 달리고 그의 몸은 다섯 조각으로 찢겨

죽었다. 그러나 그의 법은 후대로 이어져 진나라를 더욱 강성하게 만들었다.

나라가 강해지자 어융은 스스로 왕이라 일컬었으니, 그가 진의 26대 혜문왕(惠文王)이다. 그로부터 진은 승승장구하여 시황제(始皇帝) 대에 이르러 중국 최초의 통일국가를 이루게 된다.

"벱이 읎넌 것을 무벱이라 허넌 겨. 무벱천지(無法天地)라는 말 뭇 들어 봤넌감? 그게 사람 뭇 살 시상인 겨. 나쁜 벱두 읎는 것버덤은 낫다니께."

"그렇긴 헌디 있는 눔덜찌리 다해 먹는 벱이 우덜헌티 뭔 소영이랴?"

어르신들의 말은 숱한 경험에서 우러나온 삶의 철학이다. 법은 꼭 필요한 것이다. 그러나 요즘의 법은 무전유죄, 유전무죄란다. 돈이 없으면 법도 가혹하게 집행되는 세상이란다. 법 집행이 공정하지 못하니 백성들은 잘 살 방도가 사라져 간단다. 희망이 보이지 않는단다.

물은 위에서 아래로 흐르고, 그 물은 바다에 이르러 수평이 된다. 그 수평한 세상, 높고 낮음이 없는 그 세상의 이치를 본 딴 글자가 '法'이다. 그 '법'을 우리 충청도에선 '벱'이라 한다.

법이 공평하지 못하면 나라는 흔들린다. 그 옛날 상앙의 '법'은 모든 이들에게 공평하였다. 그리하여 진나라는 질서가 잡히고 백성들은 부자가 되었다. 반대로 기득권을 만끽하던 귀족들과 부자들은 그 높은 권력의 중심에서 내려와야 했다. 높은 것이 흘러내려야 낮은 것이 올라간다. 상앙은 비참하게 죽었지만, 그의 공평한 '법' 집행은 우리가 본받아야 할 일이다.

» 그여이 해냈구먼

- '그예, 기어이'의 충청말

동서고금을 막론하고 역사는 귀중하게 다뤄져 왔다. 특히 고대 동양에서는 그 중대함이 더욱 컸다. 그래서 왕과 제후들은 역사 속에 바른 사람으로 기록되길 바랐고, 역사가들은 객관적인 기록을 남겨 후대의 귀감으로 삼고자 했다. 고대 역사서인 '춘추좌씨전(春秋左氏傳)'에는 다음과 같은 기록이 있다.

춘추시대 제나라의 영공(靈公)에게는 정부인이 낳은 광(光)이라는 아들이 있었다. 광은 태자로 책봉되어 여러 차례 나라에 공을 세웠다. 그러나 이후 영공은 후처의 아들을 태자로 삼고 광을 폐위하여 변방으로 보냈다. 영공이 늙고 병이 들자 제나라의 대부 최저(崔杼)는 광을 궁으로 데려와 다시 태자로 만들었다. 영공이 죽고 광이 즉위하니, 이가 제나라의 25대 장공(莊公)이다.

장공은 제후에 오른 뒤에 대부 최저의 후처 당강(棠姜)과 정을 통했다. 이런 까닭으로 최저는 자신이 세운 장공을 미워하게 되었다. 최저는 장공을 암살할 계획을 세우고 병을 빙자하여 조정에 나가지 않았다. 속내를 모르는 장공은 문병을 핑계로 최저의 집을 방문하고 몰래 당강을 만나다가 죽음을 당했다.

최저는 장공의 이복동생 저구(杵臼)를 왕으로 추대하고 제나라의 권력을 독점하였다. 이에 태사(太史)였던 백(伯)은 '지난 5월 을해(乙亥)일에 우상(右相) 최저가 주군 광(光)을 시해했다.' 라고 기록했다. 이를 본 최저는 백을 살해하고 사초(史草)를 없애버렸다. 뒤 이어 백의 두 동생이 태사로 임명되었다. 두 동생은 지워진 사초를 찾아 다시 기록했다. 최저는 두 동생마저 살해했다. 다음으로 태사가 된 것은 백의 막내 동생 계(季)였다. 계도 세 형과 마찬가지로 없어진 사초를 찾아 사실대로 기록했다. 최저는 '역사가의 붓은 어쩔 수 없는 노릇'이라고 한탄했다. 계를 죽일 수가 없었다.

태사 4형제는 목숨을 바쳐 바른 역사를 그여 세상에 남겨 놓았다. 동양의 대역사가 사마천(司馬遷)의 경우도 그러하다. 사마천은 한무제(漢武帝) 때의 역사가다. 사마천은 젊어서 태사령(太史令)인 아버지의 뒤를 이어 역사서 집필에 매진하였다. 그러나 그는 나이 48때 무제의 노여움을 사 불알을 발리는 형(宮刑)을 받고 옥에 갇힌다. '용감하고 비겁한 것은 상황에 따라 달라진다.' 사마천은 손자병서의 한 구절을 되새기며 비참하고 굴욕적인 상황 속에서 진정한 용감의 길을 역사 저술에서 찾으려 했다. 그는 죽음보다 못한 삶을 이어간다는 비웃음을 견디며 역사 집필에 혼을 쏟았다. 이후 그는 무제의 신임을 받는 환관(宦官)이 되었지만, 당시 환관이란 멸시받는 불구자일 수밖에 없었다. 그런 불구자의 삶을 옮겨 사마천은 그여이 불후의 역사서 '사기(史記)'를 완성하고 만다.

"저 자식이 그여 일을 저질렀구먼."
"저 사람 그렇기 애쓰더니 그여이 일을 해냈구먼."

'그여, 그여이'는 '그예, 기어이'의 충청말이다. '그여, 그여이'는 한자말 '긔어(期於)'에 접사 '-이'가 붙었다. 서울지방에서는 '긔여+-이→그예, 기어이'가 되었고, 충청지방에서는 '그여, 그여이'가 되었다.

'마지막에 가서는, 끝끝내'를 뜻하는 충청말 '그여, 그여이'. 태사백의 형제와 사마천은 객관적인 역사를 기록한 인물로 수천 년 기록 속에 전해진다. 적어도 그들에게 삶의 기록이란, 우리의 역사란, 치욕보다도 목숨보다도 소중한 가치였다. 그런데, 우리는 그여 무슨 일을 해내려고 이리 바쁘게 살아가고 있을까? 우리가 그여 얻어야할 소중함은 무엇이고, 그여이 버려야할 것은 무엇일까?

» 더퍽더퍽, 깨작깨작

"먹기 싫은 것마냥 깨작깨작 먼 밥을 그렇기 먹넝 겨?"

"밥 먹을 때 깨작거리믄 복 나가넌 겨. 퍽퍽 점 퍼 먹어."

어렸을 때부터 나는 약골이었다. 동네에는 밥이 없어 먹지 못하는 집들이 있었다. 우리 집은 보리밥이라도 끼니 걱정은 없었다. 어린 나는 맛을 모르고 밥을 먹었다. 보리밥에 콩이 들어가면 골라냈고, 파도 마늘도 고추도 된장도 입에 대지 않았다. 어쩌다 입에 맞는 겅거니가 상에 오르면 겨우 공기 밥을 비웠다. 남들은 고봉밥을 뚝딱 비우는데 밥 먹는 일이 왜 그리 힘들까? 밥숟갈이 무겁고 저범은 이곳저곳 기웃거리다 제 자리에 오기 일쑤였다. 밥을 다 먹지 못하고 남기면 할머니 어머니는 걱정과 타박을 얹어주었다. 한 숟갈 남은 밥 넘기기가 늘 고역이었다.

그러다보니 몸에 살은 붙지 않고 잔병치레가 잦았다. 겨울철이면 감기를 달고 살았다. 개도 안 걸린다는 여름 감기도 끊이지 않았다. 그런 나를 보며 언젠가 아버지가 말했다.

“참내, 넘덜은 달려드넌 감기도 뿌리치더먼, 넌 싫다구 저 산 밑이루 돌어가넌 감기까장 채다가 앓넌구나.”

‘더퍽더퍽’은 ‘밥을 마구 퍼 먹는 모양’을 이르는 충청도 말이다. 반대로 ‘깨작깨작’은 ‘음식을 집을 듯 말 듯 억지로 먹는 모양’을 나타내는 표준어다. 비슷한 말에는 ‘끼적끼적, 끼적거린다’가 있다.

요즘은 먹을 것이 넉넉해서 아이들이 살찌는 것을 걱정하는 시절이다. 너무 먹어서 탈인 사람도 많은데, 더러는 나처럼 못 먹어서 안 먹어서 걱정인 사람도 있다. 추석이 다가온다. 모두들 풍요로운 명절, 건강한 가을을 생각하며 어릴 적 엄니의 말 한 토막 떠올린다.

“늬가 저집 애덜차람 더퍽더퍽 밥 먹넌 걸 봤으믄 내 소원이 읎겄다.”

» 뒤뚜란 꽃이 더 아늑헌 겨

- '뒤뜰, 앞뜰'의 충청말

'꽃을 뒤뚜란이다 심으믄 누가 본댜?'(꽃을 뒤뜰에 심으면 누가 본대?)

'물르넌 소리 말어. 화려허던 안혀두 뒤뚜란 꽃이 더 아늑헌 겨.'(모르는 소리 말아. 화려하진 않아도 뒤뜰 꽃이 더 아늑한거야.)

예전의 산골 마을은 비슷했다. 골짜기를 따라 시내가 마을 앞으로 흐르고, 산줄기를 따라 초가집들이 쪼옥 이어졌다. 집 앞으로는 논과 밭이 있고 뒤 울타리는 산에 붙어 있었다.

우리집도 그랬다. 아래채와 위채 사이엔 조그만 안마당이 자리하고, 앞쪽은 돌담이 둘러져 있었다. 그 돌담 사이로 난 사립문을 나서면 바깥마당이 펼쳐졌다. 위채의 뒤쪽은 산에 맞닿아 있었다. 산이 뒷담 역할을 하고 있으니 집 뒤쪽엔 돌담을 두를 필요가 없었다. 야트막하게 돌을 쌓은 다음 그곳에 수숫단을 엮어 둘러쳤다. 그저 산과 집의 경계를 나타낸 것뿐이다.

위채를 돌아들면 뒷산에 이어진 수수울타리 사이로 조그만 공간이 있었다. 이게 우리집 뒤란이다. 농사지을 땅이 부족했던 예전에는 한 뼘의 흙도 귀했지만, 우리집 뒤란에는 졸(부추)도 부루(상추)도 심을 수가 없었다. 돌산과 이어진 뒤란은 척박한 데다 산그늘이 가득했기 때문이다.

그 뒤란은 좁고 엉성했다. 누가 찾아볼 일도 없고 따로 가꿀 일도 없었다. 그렇지만 봄이 되면 엄니는 문득 달래 한 줌을 캐내고 멍위(머위) 몇 줌을 뜯어냈다. 봄이면 울타리 아래 무더기로 푸르다가 스러졌던 상사화는 어느 여름날 문득 붉은 그리움을 꽃피웠다. 백합 몇 포기 하얗게 여름 위로 피었다간 지고, 구기자 몇 그루 가시 덩굴을 벋어 붉디붉은 열매로 가을을 물들였다.

산그늘 아래 봉숭아는 붉게 웃었다. 괭이밥은 더 푸른 꿈으로 살아났다. 누나는 봉숭아 꽃잎과 괭이밥 꽃술을 버무려 손톱 위에 드리웠다. 간혹 우리 남매가 그곳에 꽃씨를 뿌리노라면 '누가 보지도 않고 보이지도 않는 그곳에 꽃은 심어 무엇 하느냐?' 타박하는 분도 있었다. 그렇게 우리 뒤란은 어둡고 칙칙했다. 그러나 뒤란을 오가는 우리의 기대는 밝았다. 그 속에 자라나는 생명들은 늘 푸르렀다.

충청도에서는 '뜰'을 보통 '뜨란(뚜란)'이라고 한다. 집안의 작은 공터를 표준어로는 '뜰'이나 '뜨락'이라 한다. 이의 충청말이 '뜨란'이다. 그런데 충청도 산골의 집들은 안마당이 있기 때문에 자투리 공간은 대개 뒤쪽에 있었다. 그래서 '뜨란'보다는 뒤뜰을 뜻하는 '뒤란'

을 많이 썼다. 흔히 '뜰'이나 '뜨락'의 충청말을 '뒤란'이라 하는 까닭도 충청도의 뜰이 집 뒤에 많기 때문이다.

"뚜란(뜰)이다 뭔 호박을 심넌대유? 기냥 부루(상추)나 심유."

"장꽝(장독대)은 뒤란이(뒷뜰에) 있으니께 가서니 지랑물(간장) 점 담어 와."

"쫍어 터진 안뚜란(안뜰)이다 낭구(나무)를 이렇기 싸노믄 오쩐댜?"

간혹 담장 앞이나 옆에 상추나 부추 따위를 심어 먹는 집들도 있었다. 이런 공간은 '안뚜란'이라고 했다. '집 안이나 집 앞쪽에 있는 뜰'이란 말이다. 간혹 '두란, 뚜란, 뒤뚜란' 따위로 쓰는 경우도 있었다. 예전의 산골마을 뒤란은 요즘처럼 화려한 정원은 아니었다. 그렇지만 그곳에는 질박한 생활을 넘나드는 따순(따뜻한) 정서들이 넘쳐났다.

» 배차와 진장

올해는 김장 담그기가 만만치 않겠다. 봄과 여름내 비가 내렸다. 햇살 본 날보다 빗소리를 들은 날이 더 많다. 본래 날씨가 그랬던 것처럼, 마냥 구름과 비가 번갈아 봄여름을 채워간 탓으로 밭농사 하시는 분들 시름도 먹구름처럼 깊어졌다.

봄철 내내 쏟아지던 비는 참깨 대를 녹였다. 집안에 들여놓은 참깨단에선 하얀 참깨 대신 시커멓게 썩어 곰팡이 핀 잎들만 한 아름씩 쏟아졌다. 여름내 쏟아진 비는 고추 농사를 망쳐 놓았다. 고추는 흙에 물기운이 많으면 탄저병에 녹아난다. 차령산맥을 따라 흙보다는 독자갈이 더 많은 산간의 물빠짐 좋은 밭들, 해마다 충청도 사람들을 홍건히 먹여주던 산간의 고추들마저 매일 쏟아지는 빗줄기 속에 다 녹아났다. 손가락보다 굵다랗게 커가던 고추 몸통에 허연 태가 끼고, 고추들은 붉게 익기도 전에 물러 터져 밭이랑에 뒹굴었다.

이제 날씨가 추워지고 김장철이 달려온다. 김장하는 날이면 이우지 아줌마들 안마당 가득 손 시리게 움직이던 어릴 적의 기억, 수백 포기의 '배차'를 작은 산처럼 쌓아놓고 품앗이 일품으로 김장독을 채워가는 모습. 지금이야 먹을 것이 흔해 이런 풍경을 다시 볼 수는 없지만, 그래도 김장김치 없는 '즈살이(겨우살이)'는 생각하기 어렵다. 고추농사가 다 쓰러졌으니 김장 담그는 부담이 커지고, 그래서 올해는 손을 줄이고 줄여 자그마한 김장독만 채우겠다. 중국산 고춧가루가 바다를 건너 뛰어올 것이고, 불량 고춧가루가 우리의 눈을 속이며 가득히 퍼져가겠다. 그나마 가으내 비가 안 와서 배차 농사는 그런 대로 되어 가는데 또 트랙터로 갈아엎는 '배차밭의 눈물'은 어쩔는지.

'배차'는 한자말 'ᄇᆡᆨ ᄎᆡ(白菜)'에서 나온 말이다. 이 'ᄇᆡᆨ ᄎᆡ'는 전국 대부분 지역에서 'ᄇᆡ ᄎᆡ〉배차'로 말하기 쉽게 변했다. 그런데 유별나게도 서울 지방에서는 '배차'가 아닌 '배추'가 되었다. 지금 표준어가 '배추'가 된 것은 서울말을 기준으로 했기 때문일 터다. 이 때문에 전국의 '배차'는 주저앉고 서울 '배추'만 활개를 치고 있다.

'진장'은 한자말 '딘장(陳藏)'에서 온 말이다. 우리말에서 'ㄷ'은 임진왜란 이후 'ㅈ'으로 많이 바뀌었다. 그래서 '딘장'은 자연스레 '진장'이 되었고, '진장'은 당연히 표준말이다. 그런데 서울 지방에서는 '진장'이란 말보다는 '김장'이란 말을 많이 쓴다. '김장'은 '딤장(沈藏)'에서 온 말이다. 정상적으로 변했다면 '짐장'이 돼야 한다. 그런데 이상한 변화 과정(오분석, 誤分析)을 거쳐 '김장'이 되고 말았다.

예전부터 우리나라에는 '진장(陳藏)'과 '김장(沈藏)'이란 말이 있었고, 이 두 말은 '진장'과 '김장'으로 남아있기 때문에 모두 표준말이 되었다. 그런데 문제는 서울 사람들이 '김장'이라 하니 충청도나 여러 지방에서는 '김장'은 표준어이고 '진장'은 '김장'의 사투리라 착각했다. 그래서 모두들 '진장'을 내다 버렸다. 안타깝지만 서울말은 참 '심'이 세다. 그래도 우리 충청도 사람들 기죽지 않았으면 좋겠다. 다가오는 충청도의 '진장철'이 넉넉했으면 참 좋겠다.

» 접짝이룬 가덜 말라니께 지랄이여

- 충청말의 지시 대명사

이웃에 중수 할머니가 사신다. 입이 좀 걸으시다. 손주 셋을 돌본다. 사내아이들이라 어지간히 들까분다. 나이 드신 몸이 아이 셋을 따라다니며 살피기가 참 버겁다. 몸이 못 따라가니 입이 따라간다. 여기저기로 튀는 아이들의 뒤통수에 '이느무 자석, 저느무 자석'이 좇아다닌다.

중수 할머니 마음이 여리다. 속되고 걸찍한 말들이 손주들 등 뒤를 때릴 때마다 아이들이 위태로워 보인다. 그러나 정작 손주가 자신 곁에 오면 언제 그랬느냐는 듯 환하게 웃는다. 잡히면 당장 물고라도 낼 것 같은 목소린데, 큰 소리로 혼내면서도 중수 할머니의 얼굴 햇살처럼 밝다.

손주들은 할머니의 큰소리가 겁나지 않는다. 매일 듣는 그 소리가 입짝으로 뛰고 접짝으로 내닫는 아이들의 발길에 사랑으로 밟히기 때문이다.

중수 할머니 충청말을 쓰신다. 그 분 곁에 서면 평소 듣지 못하는 충청말들이 불현듯 환하게 살아난다. 대개 나이가 많은 어르신이라도 젊은이들하고 얘기를 할 때에는 사투리를 많이 쓰지 않는다. 아이들하고 소통하기 위해 표준어를 닮은 말을 찾아 쓰는데 익숙해 있다. 그런데 중수 할머니의 충청말은 아주아주 자연스럽다. 넘쳐나는 표준어에 귀 기울이지 않는다. 당신이 살아온 그대로 아주 큰 소리로 충청말을 쓰신다. 그래서 중수 할머니를 대하노라면 수천 년 변하지 않고 의연하게 서 있는 산을 느낀다. 충청의 말이 늘 흔들리지 않고 살아있을 것만 같다.

'이쪽, 저쪽'을 충청도에서는 흔히 '이짝, 저짝'이라 한다. 그래서 충청 사람들은 '이짝, 저짝'을 '이쪽, 저쪽'의 충청말로 알고 있다. 그런데 중수 할머니는 이짝, 저짝이란 말을 쓰지 않는다. 꼭 '입짝, 접짝'이다.

"저느무 자석덜이 접짝이룬 가덜 말라구 그렇기 힜넌디두 글리 가구 지랄이여!"(저 놈의 자식들이 저쪽으로는 가지 말라고 그렇게 했는데도 그리 가고 지랄이야.)

"저느무 새낑이가 내동 접짝이서 속쎅이다가니 밥때 되닝께 입짝이루 오너먼!"(저 놈의 새끼가 늘 저쪽에서 속을 썩이고 있다가 밥 먹을 때가 되니까 이쪽으로 오는군!)

진짜 충청말은 '이짝, 저짝'일까, '입짝, 접짝'일까? 생각에 잠겨 돌아다니다 보니 '입짝, 접짝'이라 말하는 어르신들이 참 많다. 무심코 지나칠 때에는 들리지 않던 '입짝, 접짝'이 여기저기서 들린다. 점잖고 여럿이 있는 자리에서는 들리지 않는데, 충청 사투리가 어우러진 자리에서는 심심찮게 들린다. '입짝'과 '접짝'만이 아니라, '엽짝'이 들리고 '좁짝'이 들리고 '급짝'도 들린다.

나는 옛말을 찾아본다. 그랬다. '쪽'의 옛말에는 'ㅂ'이 붙어 있었다. '뽁, 빡'이 방향을 나타내는 '쪽'의 옛말이었다. 그 말이 서울에서는 '쪽'이 되고, 대부분의 지역에서는 '짝'이 되었다. 그러니까 '입짝, 접짝'은 '이짝, 저짝'의 옛말인 것이다. 무엇을 지시하는 '이, 그, 저'에 '빡'이 붙으니 '입작, 급작, 접작'이 된 것이고, 소리나는 대로 적으면 '입짝, 급짝, 접짝'인 것이다.

지금 중수 할머니는 소리를 지르지 않는다. 손주들이 다 커서 장가를 가고 제 벌이를 하고 있기 때문이다. 목소리가 줄어든 만큼 몸도 노쇠하여 허리가 굽고, 그만큼 땅은 입짝으로 가까워지고 하늘은 접짝으로 멀어져 있다. 우리 충청말들이 중수 할머니의 굽어진 허리춤 아래로 다 쏟아져 내릴 것만 같다. 이번 주엔 중수 할머니를 찾아뵙고 이쁘게 인사 드려야겠다.

» 김 맨다구 또 논이 가셨댜

- '올망개'의 충청말

저쪽에서 아내가 친정어머니에게 전화를 한다. 잠깐 얘기를 나누고는 내게 와 볼멘소리를 한다.

"엄마가 올망대를 뽑넌다구 또 논이를 갔대. 참, 맨날 아프면서 논이는 왜 자꾸 간댜?"

또 논을 매러 나갔단다. 부지런한 장모님은 잠시 한 때를 쉬지 않는다. 예산군 신암면에서 자라나 보리방아를 찧다가 고덕 들판으로 시집을 왔다. 농사를 짓고 장사를 하고, 남들보다 재게 몸을 놀려 가세를 일으켰다. 몸에 밴 습성은 팔순에도 돌아서지 않는다. 걸을 때마다 뚝뚝 부러지는 무릎을 앞세우고 논둑을 걷는다. 다리가 아프고 머리가 어지러워 주저앉으면서도 잠시라도 아픔이 번하면 손을 뻗는다. 그런 엄마가 아내는 걱정이다.

"아이구, 무릅이 그렇기 아픈 냥반이 논일 가신 겨?"

"그려. 올망대 김 맨다구 또 가셨댜. 속상해 죽겄어."

장모님 걱정을 한참 나누는데 갑자기 올망대가 궁금하다. '올망대, 올망대, 이거 표준말이 아닌 것 같은데? 표준말은 뭐지? 내가 왜 여태 이 말을 확인하지 않았지?' 나는 아내를 밀치고 컴퓨터 앞으로 간다. 인터넷 검색을 하니 올망대가 금세 튀어나오질 않는다. 이건 표준어가 아니다. 표준어라면 컴퓨터 화면 가득 올망대가 펼쳐져야 한다.

나는 사전을 펼친다. 국어사전, 백과사전, 방언사전. 어렵지 않게 올망대의 표준어가 찾아진다. 표준어는 '올방개', '올망대'는 충청 이남에서 쓰는 방언이었다. 나는 올망대를 기록해놓고 이 말이 어떻게 생긴 말인지를 고민한다.

표준어 '올방개'의 옛말을 찾아가니 '올미(올매)'와 '가ᄎᆞ(가차)'가 나온다. '올미'와 '가ᄎᆞ'는 또 무슨 뜻일까? 다시 '올방개'의 한자말을 찾고 한자사전을 뒤진다. 어디를 찾아도 답은 없었다. 다만 확실한 것은 '올망대'든 '올방개'든 두 말에는 '올'이 있다는 사실이고, 그 '올'은 오리의 준말이라는 것이다. '가ᄎᆞ'도 오리의 한 종류인 '가창오리'의 옛말로 보인다. 그럼 '미'는 무슨 뜻일까? 많은 이들은 이를 '먹이'를 나타내는 말로 본다. 그리하여 '올미'는 '오리의 먹이가 되는 풀'이 된다.

충청말 '올망대'는 오리의 먹이를 뜻하는 '올미'에 '-대'가 붙은 것이다. 그 사이에 들어간 'ㅇ'은 뜻 없이 끼어든 소리로 매개음이라 한다. '가ᄎᆞ(가차)'와 '오리' 사이에 끼어 '가창오리'가 되는 것과 같다. 그리고 '-대'는 '식물의 줄기'를 뜻하는 순 우리말이다. '막대, 장대, 창대' 따위에 붙어있는 그 대다. 그러니까 충청말 '올망대'는 '오리의 먹이가 되는, 줄기가 솟아오르는 풀'이다.

올망대는 물속에서 자라나는 풀이다. 습지나 물가, 논에서 자라나는 풀이다. 오리와 가창오리는 물속을 뒤져 올망대를 뜯어먹는다. 그러나 올망대는 땅속 깊이 덩이줄기를 키운다. 감자처럼 맺힌 땅속의 덩이줄기는 쉬 없어지지 않는다. 오리가 다 먹지 못하고, 농약을 쳐도 줄기만 죽일 뿐 땅속의 덩이는 죽이지 못한다. 그래서 올망대는 여름내 다 뽑아버려도 다음해에 다시 돋아난다.

도시 사람들은 얘기한다. '참 예쁜 풀이야. 연못가나 화단에 심으면 너무 멋져.' 라든가, '올방개의 덩이줄기는 사람 몸에 그렇게 좋대. 갈아서 전분을 만들어 묵을 쒀먹으면 최고의 건강식이 되는 거야.' 라고.

그러나 베농사를 짓는 사람에겐 웬수같은 잡초일 뿐이다. 뽑아내지 않으면 벼보다 먼저 자라나 벼농사를 망치게 하고, 뽑아도 뽑아도 다시 살아나는 풀. 논 가득 제초제를 쳐도 내년에 다시 돋아나는 풀. 오늘도 장모님은 논바닥에 목울대를 돋우며 올망대를 뽑는다.

"고덕은 자네네 산골 같잖구 들이라 올망대가 되게 많어. 그거 안 뽑어주믄 논이 드러져. 베농사 망친다니께."

» 가물쓰다, 가물키다

지금은 다 컸지만, 우리 아이는 어렸을 때 몇 차례 가물쓴 적이 있다. 순해서 크게 부산을 떨지는 않았지만 싫어하는 것을 억지로 시키면 마구 울었다. 특히 목욕하는 것을 싫어했다.

그 날도 엄마가 물을 끼얹자마자 마구 울기 시작했다. 물만 닿으면 우는 터라 여러 날 아이를 씻기지 못한 엄마는 작정을 하고 물을 뿌렸다. 그런데 마구 울던 아이가 갑자기 울음을 뚝 그치더니 벌러덩 뒤로 넘어갔다.

엄마는 아이 이름을 부르며 몸을 흔들다가 결국엔 비명을 지르며 밖에 있던 나를 불렀다. 달려가 보니 아이 엄마도 가물쓸 지경이다. 나라고 별수 있을까. 엄마 품에 안겨 숨이 멎은 채 축 늘어져 있는 아이를 보니 머릿속이 하얗다. 아이들에게 있을 수 있는 일이니 우선 충격을 주어 깨어나게 해보자고 얼굴을 두드리고 흔들었다. 깨어나질 않았다. 얼굴에 핏기를 잃고 늘어진 아이를 안고 정신없이 문밖을 나오는데 아이가 숨을 돌리며 눈을 떴다.

엄마는 그 뒤로 아이 씻기는 것을 포기했다. 목욕 대신 따뜻한 물에 적신 수건으로 몸을 문대는 정도였다. 그 뒤로도 아이는 심하게 울면 컥, 숨이 멎곤 했다. 몇 차례 가물쓸 만큼 놀란 우리 부부는 아이가 울 때마다 온갖 비위를 맞춰야만 했다.

'가물쓰다'는 순간적으로 정신을 놓고 쓰러지는 것을 이르는 충청말이다. 대응하는 표준말은 '까무러치다'이다. 표준말 '까무러치다'는 '가물'이란 말에 '치다'가 붙어 이루어진 말이고, 충청말 '가물쓰다'는 '가물'에 '쓰다'가 붙은 말이다. 그런데 '가물'의 어원에 대해서는 잘 모르겠다. 어느 방언연구가는 경상도와 전라도 방언인 '자물시다/자물씨다'를 예로 들며 'ᄌᆞᄆᆞ다(沈:잠기다)'에서 나온 말일 것이라 한다. 그럴듯 하긴 하지만 선뜻 받아들이긴 그렇다. 분명한 것은 '가물'이 '빛이 희미하거나, 정신이 왔다갔다 하는 것'을 뜻하는 말이라는 것이다.

'쓰다'는 보통 '키다/켜다'의 충청말이다. 불을 켜는 것을 충청도에선 '불을 써라, 어둔디 왜 등잔불을 안 쓰능 겨?' 따위처럼 쓴다.

이 '가물쓰다'는 일부 충청도 사람들은 '가물킨다/까물킨다'라고 쓰기도 한다. 그런데 아무래도 토박이 충청말다운 것은 '가물쓰다'겠다. 이렇게 '가물'에서 나온 말에는 '가물거리다, 가물가물' 따위가 있다. 한자어로는 '기절(氣絶)하다'가 되고, 아주 어린아이들에게 나타나는 '경기(驚氣:정끼)'도 '가물씀'에 해당하는 말이다.

'가물쓰다', 지금은 거의 사라졌다. 나이 지긋하신 어르신들의 기억 속에서도 가물거린다. 국어사전에도 전국방언사전에도 올라가 있지 않은 말, 그늘진 곳에서 외롭게 떨고 있는 충청말을 나는 돌아보는 중이다.

» 배돌어 떨어지다

“명재씨, ‘배돌다’란 말 알지? 도토리가 배돌아 떨어지는 것 말야.”

“알쥬. 그거 물르넌 사람두 있남유?”

“내가 엊그제 애들 데리고 분례숲길을 갔거든. 거기 도토리랑 상수리가 많이 떨어져 있길래, ‘상수리들이 배돌어 떨어졌네.’ 했더니 애들이 전혀 그 말을 모르더라구.”

지난 여름내 방안에 처박혀 궁상을 떨었다. 7월의 어느 날 마룻바닥을 내려서다 헛디뎌 주저앉았다. 몸무게를 이기지 못한 다리가 똑 부러졌다. 달포 동안 깁스한 다리를 바라보며 무더위야 얼릉 가라, 여름아 빨랑 가라, 부채질을 해댔다.

긴 여름 끝에 가을이 달려오고, 세 달이 다 되어서야 처음 산에 올랐다. 예산의 시르미고개 넘어 분례숲길이다. 추석 전에 아이들과 소풍하며 배돌은 상수릴 주워왔다는 친한 형의 얘기를 기억했다. 해마다 가을철이면 상수리를 주워다가 묵을 쒀주는 엄니, 내가 한 자루 상수리를 들고 찾아가면 참 반가워 할 것이다. 그런 생각을 하며 조심조심 산을 올랐다. 부러졌던 다리가 더러 시큰거렸지만 오랜만에 홀로 오르는 가을산은 호젓했다.

산 속엔 이미 많은 이들이 지나갔다. 추석도 지나고 시월의 분례 숲길엔 상수리가 많지 않았다. 성묘객들과 산행객이 한 봉재기씩 주워간 흔적이 가득했다. 나는 비탈진 골짜기를 탔다. 산길에서 조금 떨어진 골짜기 안에는 배돌아 떨어진 열매들이 가득했다. 손톱처럼 작고 날씬한 도토리들이 낙엽 위에 모였다. 상수리들이 동그랗게 골짜기를 굴렀다. 상수리보다 작지만 묵이 많이 난다는 배가 볼록한 신갱이(신갈나무 열매)들이 하얀 몸통을 드러내고, 밤나무 아래엔 쥐밤톨들이 붉게붉게 쏟아졌다.

'배돌다'는 껍질 속의 씨앗이 영글어 겉껍질이 벗겨지는 것이다. 겉껍질이 갈라지고 속 씨앗이 떨어져 나오는 것을 뜻하는 말이다. 가을이 오면 열매들은 씨앗을 싸고 있던 겉옷을 벗는다. 이것을 충청도에서는 '아금 번다'고 한다. 표준말로는 '아람 번다'다. 아금이 벌면 안에 있던 씨앗은 땅으로 쏟아진다. 이것이 배돌아 떨어지는 것이다. 가을 녘에는 호도가 배돌고, 밤이 배돌고, 상수리가 배돌아 쏟아진다.

나는 지금 산을 내려오고 있다. 어깨엔 상수리와 도토리가 무겁게 걸려 있다. 모두 배돌아 떨어진 영근 씨앗이다. 영글어가는 가을처럼 내 다리의 시큰거림도 이젠 배돌아 떨어질 것이다. 추수에 배인 누런 땀방울들 배돌아 영글 것이다. 엄니를 찾아가면, 가을 자루를 받아드는 주름진 그 손길이 웃음꽃 환하게 영글어갈 것이다.

» 새뜩한 봄날에

"난 이렇기 새뜩헌 건 싫여."

"엄마, 나이들수룩 새뜩헌 게 좋은 겨. 나이 들어 우중충헌 옷 입으면 더 나이 들어 보인다니께."

"그리두 난 쑥시러서 새뜩헌 거 싫여."

언젠가 할인 판매하는 가게에서 사간 새뜩한 옷을 두고 친정어머니와 아내가 나누던 말이다. 칠순을 훨씬 넘긴 어머니가 좀 더 밝은 모습이길 생각하여 화사한 옷을 권하는 아내. 친정어머니는 한사코 손사래를 친다. 스스로 나이가 들어 애들처럼 환하게 하고 다니는 것이 자꾸만 남의 눈에 걸린다.

"그런 옷 입구 댕기믄 넘덜이 웃어야."

"너무끄러워 그런 옷을 오티기 입구 댕긴다니?"

말씀의 내용만 보면 사뭇 강경한 거부다. 그런데 친정어머니의 목소리가 환하다. 겉으론 쑥스러운 기색인데 얼굴에 웃음이 가득하다. 쑥스러워 웃는 웃음 같기도 하고, 좋아서 웃는 웃음 같기도 하다. 딸이 옷을 선사했으니 참 좋겠다. 아니 그보단 환한 옷이어서 더 좋은 것만 같다.

"난 물러, 엄마. 기껏 내가 사온 옷이구 인전 엄마 옷이니께 엄마가 입던 내뿌리던 맘대루 해."

아내는 몇 번 권하다가 옷을 어머니 품에 밀어 놓곤 돌아앉아 버린다. 친정어머니는 옷을 받아들고는 입어보지도 않고, 그렇다고 내려놓지도 않는다.

그리고 며칠 뒤, 아내는 새뜩한 그 옷을 입고 나타난 친정어머니를 만났다.

"네가 하두 권허걸래 버릴 수두 읎구 기냥 입었어."

딸에게 건네는 친정어머니의 웃음이 쑥쓰러움 위에 새뜩함이 가득하다. 봄 햇살보다 밝다.

'새뜩하다[새뜨카다]'는 눈에 두드러지게 밝고 화사하다는 뜻을 지닌 충청말이다. 대응하는 표준어는 '새뜻하다[새뜨타다]' 지만 사람들이 잘 쓰지 않는다. 충청말처럼 밝고 화사한 느낌도 나지 않는다. 그래서 나는 새뜩함을 더 좋아하는 지도 모른다.

5월이다. 5월은 참 새뜩해서 좋다. 이렇게 밝고 쨍쨍한 주말에 아내가 소풍을 가잔다. 시내를 벗어나 들판에 이르면 거기 환한 봄옷을 아주 싸게 파는 곳이 있단다.

너른 마당에 차를 세워두고 아내와 내가 옷가게에 들어갔다. 봄 햇살보다 새뜩한 옷들이 주위를 온통 채우고 있다. 나는 아내를 따라 다니면서 몇 점의 옷을 골라 들었다. 봄날에 내가 입을 새뜩한 바람, 아내가 입을 새뜩한 꽃잎, 아이에게 전해줄 새뜩한 푸르름이 바구니에 담긴다. 주름져간 어머니의 얼굴에 전할 봄볕도 새뜩하게 담긴다.

» 여자는 웃음이 흐푸문 뭇쓰능 겨

"그렇기 몸개짐을 흐피허넌 여잘 워떤 사내가 좋어라 허겄냐?"(그렇게 몸가짐을 허투루하는 여자를 어떤 남자가 좋아 하겠니?)

"지집년이 그렇기 웃음이 흐푸믄 넘덜헌티 숭잽히넌 겨."(여자가 그렇게 웃음이 헤프면 남들에게 흉이 되는 거야.)

여자와 남자가 차별되던 시대가 있었다. '남자는 하늘이요, 여자는 땅이다.'라는 옛말이 있었다. 이는 본래 남자와 여자의 다름을 나타내는 말이다. 음양 사상에서 남자는 양의 성질을 지녀 기운이 밖으로 뻗쳐나가고, 여자는 음의 성질을 지녀 기운이 안으로 갈무리됨을 뜻하는 말이다. 그런데 조선시대의 남자들은 이를 제멋대로 해석하여 '남자는 하늘처럼 높고 여자는 땅처럼 낮은 존재'로 만들었다.

같은 사람들 사이에 높고 낮음이 자리하는 불평등은 낮은 사람들의 불행을 부르는 단초가 된다. 백성이 양반과 상놈으로 구분되면 백성의 대다수인 상놈들이 불행하게 된다. 힘들고 힘든 상놈들은 필경 양반에게 불만을 드러내게 된다. 그리고 양반은 자신의 권위를 지키기 위해 애쓰게 된다. 상놈들의 불만을 억누르려 기만과 폭력을 동원하게 된다.

남자와 여자의 관계도 그러하다. 예전엔 딸자식들에겐 공부를 시키지 않았다. 독점한 지식을 바탕으로 남자들은 이치에 맞지 않는 불평등한 사상을 여자들에게 주입하였다. 이런 결과는 기나긴 세월 동안 여자들을 불행에 빠뜨렸다.

서양의 역사나 언어도 우리와 별반 다를 게 없지만, 시대가 달라져도 남녀불평등의 예전 모습은 말속에 남아있다. 지금은 그 불평등의 정도가 크게 줄었다. 그러나 21세기를 살아가는 현대에도 여자들의 사회적 지위나 역할은 쪼그라져 있다.

'흐푸다'는 '헤프다'의 충청말이다.

'그렇기 손이 크구 씀씀이가 흐푼디 읎넌 살림이 워치기 버팅기겄냐?'(그렇게 손이 크고 씀씀이가 헤푼데 없는 살림이 어떻게 버티겠니?)

처럼 '물건을 아끼지 않고 마구 쓰는 것이나, 맨 앞의 예문처럼 마음을 쉽게 여는 것, 언행을 가볍게 하는 것'을 뜻하는 말이다.

가난한 백성이나 소외된 백성이 많아지면 나라는 불안해진다. 부자는 가난한 이를 살피고, 권세가 있는 이는 약한 이를 위해 애쓸 때 사회는 건강해진다. 남자는 여자를 돌아보고 여자는 남자를 돌아보며 공평을 나눌 때, 이 세상엔 사랑과 평등의 꽃향기가 가득 피어나는 것이다.

» 원체 일을 영그지게 잘 허니께

- 똘똘하고 실한 '영그지다'

한 가지에 꽃이 펴도 똑같은 꽃이 아니다. 한 가지에 열매가 달려도 똑같은 열매가 아니다. 어떤 꽃은 더 예쁘고 어떤 꽃은 덜 예쁘다. 어떤 열매는 더 실하고 어떤 열매는 쭉정이가 된다.

'영그지다'는 '영글다'에서 나온 충청말이다. '영글다'는 씨앗이나 열매가 단단하게 익은 것을 뜻하는 말이다. 이에서 '됨됨이가 여무진 사람'을 가리키기도 한다. 그런데 충청도에서는 식물의 열매가 아닌 사람의 경우 '영글다' 대신 '영그지다'란 말을 쓴다. '영글다'에 '지다'가 붙었으니, 됨됨이나 언행이 잘 여문 낟알처럼 단단하고 실속 있는 것을 뜻하는 말이다.

"애가 월매나 영그진지 물러. 갸는 크믄 뭐가 되두 크게 될 거라니께."

"원체 일을 영그지게 잘 허니께 그 사람은 워딜 가두 신용 받어."

충청도 사람들은 '영그지다'를 흔히 위와 같이 쓴다. 식물과 사람을 구분해 더 적확하게 말을 구사하는 것이다. 말이 세분화되어 있다는 것은 그만큼 언어가 발달되었다는 뜻이 된다. 그런데 서울 지방에서는 쓰지 않는다는 이유로 '영그지다'는 표준어가 되지 못했다. 전국에 흩어져 있는 좋은 말들을 애써 찾지 않고, 서울말을 중심으로 표준어를 제정한 일면이 보인다. 그만큼 지역 방언에 대한 조사가 미흡했음을 보여주는 단면이다.

세상은 동전의 양면이다. 나름 공평한 듯싶지만 그만큼 공평하지 못한 면도 있다. 말도 그러하려니와 우리 사람도 마찬가지다. 누구는 잘 생기고 누구는 덜 생겼다. 누구는 머리가 썩 좋고 누구는 덜 좋기도 하다.

그러나 잘난 모습만으로 그 사람의 삶을 '영그지다'라고 판단할 순 없다. 들판 가득 익은 벼이삭도 털어봐야 안다. 멀리서 바라보면 다 실한 낟알이지만, 탈곡을 하다 보면 수많은 쭉정이가 휘날리는 법이다. 우리의 삶도 인생의 끝에 가봐야 안다. 끊임없이 고뇌하고 애쓴 사람이 더 영그진 인생을 맺고, 그때 가서야 우리는 영근 씨앗과 쭉정이 인생을 어렴풋이 가늠하게 된다. 겉에 보이는 예쁨과 고움만을 탐하다가 삶의 씨앗을 영그지게 가꾸지 못한다면 공허한 일이다.

또 화창한 봄판이다. 영그진 꿈을 키우며 산과 들이 파랗게 돋는다. 저 붉은 꽃들과 푸른 새싹들이 영그진 씨앗을 키우기 위해 일어서는 것처럼, 우리도 더 푸르고 더 붉은 씨앗을 가꿔갈 때다.

» 구수룸헌 게 꼭 숭님 맛이여

- '구수하다'의 충청말

"워뗘? 챙지름을 늫니께 고소롬허지 않남?"(어때? 참기름을 넣으니까 고소하지 않는가?)

"고소롬이구 뭐구 음석이 간이 맞이야지."(고소한 맛이고 뭐고 음식이 간이 맞아야지.)

"고놈 그드름만 피구 댕기더니 이번이 된통 당했더먼. 아주 꼬소롬이여."(그 놈 거드름만 피우고 다니더니 이번에 호되게 당했더군. 아주 깨소금 맛이야.)

"구수룸이란 게 누룽개를 끓이기만 헌다구 생기넌 맛이 아니라니께."(구수한 맛이란 것이 누룽지를 끓이기만 한다고 생기는 맛이 아니라니까.)

표준말 '구수하다'는 옛말 '구스다'에서 나온 말이다. 이 말은 본래 '냄새가 좋다.'란 뜻이었다. 지금은 '구미를 당길 만큼 음식 맛이 좋다.'거나 '말솜씨가 상대의 마음을 끌어들이는 맛이 있다.' 따위로 뜻이 확대되었다.

그런데 우리 충청도나 전라도에서는 '구수허다'라는 말 못지않게

'구수룸허다'라는 말을 쓴다. '구스다'가 다양하게 변화한 것이다. 모양 그대로 '구수하다'에 '그런 성질을 지닌'의 뜻을 가진 접사 '-룸-'이 끼어들었다. '구수한 성질의 맛이 나거나, 그런 좋은 냄새가 난다.'라는 뜻을 갖는다.

얼마 전 아주 호쾌한 성격의 어르신을 뵈었다. 같이 식사를 나누었는데 그분은 표준말에 사투리를 섞어 쓰셨다. 나는 어르신들을 만나면 충청말을 쓴다. 내가 충청말을 쓰니 그 분도 표준말을 쓰지 않는다. 대화 중에 그분은 내게 이런 말씀을 하신다.

"자넬 보니께 말여. 말 허넌 것허구 사람 대허넌 것이 참 구수룸허구먼. 자네 말은 꼭 숭님(숭늉) 맛이라니께."

같이 나눈 음식이 갈비탕이었다. 갈비탕의 구수한 맛에 정겨운 사투리가 오가는 분위기, 그것은 '구수룸허다'란 충청말과 잘 어울리는 느낌이었다.

요즘은 화려하고 자극적인 것이 판친다. 느긋하지 않고 늘 바쁘다. 천천히 돌아가면 나만 게으른 것 같다. 뛰어야 열심인 것 같고, 바빠야 제대로 사는 것 같다. 그런데 나는 그런 모습들이 여유를 잃고 쫓기는 것으로 보인다. 몸도 쫓기고 마음도 쫓긴다. 하루에 쫓기고 한 달에 쫓기고 일년에 쫓긴다. 쉬고 싶어도 불안해서 못 쉰다.

쉬면서도 다음 일을 걱정하며 마음을 종종거린다. 언젠가부터 우리에겐 쫓기는 것이 몸과 마음에 흠뻑 배였다.

입맛도 자꾸만 자극적이고 새로운 것을 밝힌다. 예전엔 배가 부르면 좋았는데, 지금은 좋은 것을 먹어도 만족하지 못한다. 입맛도 세상 따라 하루가 다르게 쫓긴다. 그럴 때면 나는 은근함이 감도는 '구수룸한' 맛이 그립다. 당장 입안을 꽉 채우지는 않지만 오래도록 입안을 채우는 넉넉한 맛, 쫓기지 않을 때에 느껴지는 그윽한 여유가 거기 있다. 여유롭고 한가로운 향기, 잊혀져가는 '구수룸한' 우리말의 참맛을 되찾아간다.

» 도링인 비 안 맞을라구 입넌 게 아녀

'도롱이'를 생각하면 우비가 떠오른다. 우비를 생각하면 내가 좋아하는 충청말 '도링이'가 달려온다. '도링이'는 충청도 선조들이 쓰던 비옷이다. 비가 오는 동안에도 쉴 수 없는 농사일에는 도링이가 필요했다.

어릴 적 나는 도링이를 입고 논일을 하는 어른들을 보았다. 1970년대까지도 우리 동네에는 도링이를 입는 분들이 몇 있었다. 그들은 우리집보다 가난한 농민이었다. 남의 집 장려빗을 쓰고 봄가으내 남의 집 일만 해주는 이들이었다. 윗집의 박서방네가 그랬고, 아랫집의 지서방네가 그랬다. 그들은 남들이 가진 우비는커녕 도링이도 없었다. 남의 일을 쉴 수 없었던 그들은 빗속에서도 일을 했다. 여름날이면 고의적삼이 젖은 빨래처럼 몸에 달라붙었다. 장대비가 억수로 쏟아지는 날이면 그들은 가끔 도링이를 걸쳤다. 그것은 진짜 도링이가 아니라, 짚으로 얼기설기 엮어 목에 두른 지푸라기였다.

앞집 아저씨는 1970년대 후반까지 도링이를 입고 논일을 했다.

비안개가 눈앞을 가리는 날이면 아저씨는 시대를 건너 옛날로 돌아갔다. 껍질을 벗겨낸 왕골속을 꼬아 만든 끈내끼 아래 촘촘히 엮은 짚이 허리에 둘러졌다. 그것은 아프리카 원주민들의 풀치마를 닮았다. 아니 짚으로 만든 치마가 맞다. 같은 방식으로 만들어진 또 하나를 어깨 위에 걸쳤다. 끈을 잡아당겨 목에 걸었다. 삿갓이 없으니 머리엔 밀짚모자를 썼다. 일터로 나가는 그 모습이 정글을 누비는 타잔을 꼭 닮았다.

1970년대 후반, 학교에 다니던 나는 빗속에서 논을 매는 아저씨를 보았다. 90도로 꺾은 등과 목덜미 위로 솟아오른 도링이. 허리 아래로 늘어진 도링이를 타고 빗물이 흘렀다. 그 빗물 뒤로 젖은 엉덩이가 불쑥 튀어나왔다.

그런 아저씨를 보며 나는 아버지에게 물었다.

"아버지, 저럴라믄 도링일 뭐더라 입넌대유? 옷은 옷대루 다 젖구, 일허넌디 거치장시럽구 방해만 되넌디유."

아버지는 한참 만에 건성으로 대답했다.

"냅둬라. 그게 조니께 입겄지."

되도 않은 도링이를 입고 일을 하는 아저씨나 그걸 보고 아무렇지도 않은 아버지나 내가 보긴 참 그랬다.

"아저씨넨 우비두 읎슈?"

"요즘 시상에 우비 읎넌 집이 오딨겄냐?"

"근디, 왜 저런대유? 참 답답허시네. 우비 애끼너라 그러나?"

아버지는 뒷짐을 지고 먼 산을 바라보았다. 비안개를 등지고 돌아서며 혼잣말처럼 대답했다.

"도링인 비 안 맞일라구 입넌 게 아녀. …비 맞이매 일허문 무진 춰. 오래 뭇혀. 그리서 입넌 겨. …도링이가 몸 온기를 감싸주니께."

» 늦이 가믄 말 들으니께

- '늦게'의 충청말

"이렇기 늦이 댕기믄 오쩌냐? 핵겨 끝나구 일번 나오믄 막찬 안 타두 될 텐디?"(이렇게 늦게 다니면 어쩌니? 학교 끝나고 바로 나오면 막차는 안 타도 될 텐데.)

갈이 되면 쉬이 어둡다. 8시 20분 막차에 몸을 실으면 차부는 이미 어둠 속에 잠겼다. 터덜터덜 30분 비포장도로를 달리던 뻐쓰가 아랫동네 찻바탕에 이를 즈음이면 밤이 깊었다.

찻바탕에서 집까지는 2Km, 떠나간 버스 뒤로 남겨진 30분의 거리가 참 어둡다. 차표 파는 구멍가게를 돌아서면 멀리 몇몇 민가의 전등불이 따숩다. 마을로 향하는 길옆에는 검은 산줄기가 늘어서고, 산자락 아래로 이어진 마을길은 배얌처럼 또아리를 틀고 있다. 밭둑과 산굽이를 돌아서면 길은 어둠 속에 묻히고 그럴 때면 나는 하늘을 쳐다본다. 그러면 하늘은 검은 능선 위에 떠 있고 별들은 어둔 하늘을 지키고 있다. 산의 능선과 하늘과 어둠의 풍광을 가늠하며 길을 걷는다. 더러는 길옆으로 상여집이 달려와 머리 뒷꽁댕이를 잡어댕긴다. 더러는 별이 내려와 이야기를 나누고 더러는 상념에 젖어 어둠을 잊기도 한다.

1970년대 말, 고등학교에 다닐 적 어르신들은 막차가 돌아오는 시간을 기억했다. 나처럼 남자 아이라면 집에서 밥상을 차려놓고 기다리지만 누이 같은 경우엔 마중을 나갔다. 예나 지금이나 어둠은 위험이다. 후레쉬를 들고 한 발 한 발 찻바탕 근처로 이어지던 엄니, 아버지의 걱정스런 그 발걸음!

시절이 바뀌어 지금은 밤늦게 먼 길을 걷지 않는다. 어둠과 섞일 일도 없고 별을 보며 상상을 펼칠 공간도 없다. 세상 따라 말도 그렇게 변해갔다. 내 어릴 적 쓰던 말들은 지금 아이들의 세상에 맞춰졌다. 핵겨 댕기던 일이 학교 다니는 일이 된 것처럼 늦이 댕기문 오쩌냐?도 늦게 다니면 어쩌니?로 변했다.

그러나 세상이 다 변해도 변치 않는 것들이 있다. 내 딛고 사는 고향땅이 거기 있고 내 머릿속에 남겨진 추억이 거기 살아 있다. 예전 어르신들에게 흔히 듣던 충청말 '늦이'는 사라졌지만 나는 어릴 적 말의 기억 속으로 들어간다. 거기 표준어 '늦게'가 아닌 충청말 '늦이'의 추억이 별빛으로 빛난다.

"늦이 가믄 말 들으니께 싸게덜 나와."(늦게 가면 궂은 소리 들으니까 빨리들 나와.)

“일이 점 남어서니 저녁은 늦이 먹넌다구 즌혀.”(일이 좀 남아서 저녁은 늦게 먹는다고 전해.)

“그렇기 늦이 허다간 반두 뭇혀 해다가겄다.”(그렇게 늦게 하다가는 반도 못해서 날 저물겠다.)

» 아줌니, 두지기가 뭔 중 알유?

엊그제 국어사전 속에서 낯선 말 하나가 툭 튀어나왔다. 내가 모르는 낱말이 한둘이냐? 사전을 들춰보면 모르는 낱말 투성인데. 그런데 이놈의 말이 궁금하다. 그게 '두지기'다. 두지기가 처음 보는 말이어서가 아니라, 그 옆에 '두더지의 충청말'이라고 풀이한 것 때문이다. 충청말이라면 나도 한 가락 하는 분야인데 이놈의 두지기는 영 낯설다. 머리속에서는 벌써 발고랑을 들쑤시고 달려가는 두더지 두어 마리가 아우성이다. 얼른 메모장에 두지기를 적어넣고 두더지를 생각했다.

오늘 시골집에 갔다. 팔순의 어머니는 한동안 천안의 누님 댁에 가 계셨다. 나는 천안을 들러 어머니를 뫼시고 시골집으로 온 것이다. 마당가에 차를 받쳐놓고 텃밭을 둘러보는데 텃밭 귀퉁이로 제트 비행기의 배기가스처럼 길게 늘어선 울퉁불퉁 발자취가 보인다. 그려, 이거 두지기다 두지기. 뭉게뭉게 땅을 파며 달려간 두지기의 발자국.

돌아서니 이웃집 중수할머니가 마당가에 양은솥을 걸어놓고 불을 때고 있다. 망설이다가 말을 걸었다.

"아줌니, 날 더운디 뭘 끓이신대유?"

"이, 감자 쫄이는 겨. 요롷기 째끄만 감자 말여"

중수할머니가 엄지손가락 한마디를 내 보였다.

"예, 감자조림 맹글구 기셨구먼유."

"이, 그려."

"근디, 아줌니. 두지기가 뭔 중 알유?"

"두지기? 그거 밭이서 땅 파구 댕기는 거?"

에구, 이건 너무 쉽다. 난 충청말을 공부한다고 설레발을 치면서도 듣도 보도 못한 말인데.

"그거, 요샌 두더지라구 허잖어. 내 어렸을 적인 두지기라구덜 혔어."

옆에 다가온 어머니가 말을 거든다.

"두더지가 두지긴 겨. 우덜 어렸을 적인 많이 썼지. 두지기라구두 혔구, 두제기라구두 혔어."

"이, 그려. 근디 그거 이즌인 잡어서 궈먹넌 사람덜두 많었넌디."

두 분의 말씀이 막 이어진다. 나에게 말을 하는 것 같지만 실은 두 분끼리의 대화다. 그때 아랫집 성지 아버지가 다가왔다. 그 바람에

화제가 다른 곳으로 옮겨갔다. 그런데 내가 성지 아버지와 이야기를 나누는 사이사이로 두 분은 두지기 말씀을 계속하신다. 수십 년 동안 쓰고 싶어도 쓰지 못한 말에 대한 그리움일까? 아니면 서울말 두더지에는 깃들지 못한 두지기에 대한 추억 때문일까?

어머니와 중수 할머니, 팔순의 흐린 눈동자 속에 아쉽고 안타깝게 굴을 파며 달려가는 두지기. 나는 두 분의 그 선명한 기억을 오래도록 지켜보았다.

2. 요게 맥인디 클났네

» 요게 맥인디 클났네

"맥이(매기) 떨어졌으믄 얼릉 털구 일어나."

"이구, 큰 것 한 방이 맥이(매기가) 달랑달랑허너먼."

"난 요게 맥인디(매긴디) 클났네."

집안을 말아먹는 노름판이 아니더라도 용돈 따먹기 화투라도 쳐본 사람이라면 '맥'이나 '매기'를 안다. 그런데 어떤 사람은 '맥'이라고 하고, 어떤 사람은 '매기'라고 한다. '맥'이든 '매기'든 말로 할 때는 차이가 없지만 쓸 때는 달라진다. 옆에 노름하는 사람들이 있다면 이렇게 물어보자.

"맥이 떨어진 게 맞나요? 아니면 매기가 떨어진 게 맞나요?"

이렇게 물으면 노름하다 벌떡 일어설 만큼 헷갈릴 것이다. 그럼 가진 돈을 다 잃어가는 사람에게 이렇게 물으면 어떨까?

"맥이 달랑거리나요? 아니면 매기가 달랑거리나요?"

진짜 상황이라면 귀퉁배기를 얻어맞을 일이다. 쓰는 사람마다 '맥'이 되기도 하고, '매기'가 되는 말. '맥'이든 '매기'든 그게 나하고 뭔 상관이냐? 중요하지도 않고 생각할 가치도 없는 말. 돈 잃고 밑천 떨어져가는 사람에게 이런 질문은 난감하다.

내가 지금 '맥'이냐 '매기'냐를 따지는 것은 충청도 사람들이 혼동하는 말이기 때문이기도 하지만, 중요한 사실은 국립국어원에 기록된 방언 자료에는 '맥'은 없고 '매기'만 기록되어 있기 때문이다. 과연 표준말 '밑천'에 해당하는 충청말이 '매기'일까? 물론 많은 충청 사람들이 '매기'라고 쓰고 있지만, 실상 '맥'이라고 쓰는 사람들이 더 많다. 그렇다면 최소한 '맥'도 기록되어야 하지 않은가?

두 말의 근원을 따지면 '맥(脈)'이 맞는다. '맥'은 심장 박동에 의해 일어나는 핏줄의 진동이다. 이 뜻이 '맥이 떨어지면 숨도 끊어진다.'는 이치로 확장되어 '맥'은 '목숨'을 뜻하는 말이 되었다. 그리고 노름판에서 '맥이 떨어진다.'라고 하면 '밑천이 바닥났다.'는 뜻이 된다.

이 '맥' 뒤에 조사 '이'가 붙으면 '맥이' 된다. 이 '맥이'를 발음하면 [매기]가 되어 '맥+이'인지, '매기+이'인지 불분명해진다. 국어에 조예가 있는 분들이라면 금방 '맥+이'라고 하겠지만, 오랜 세월이 흐르면서 '맥'과 '매기'가 섞여 헷갈리는 상황이 된 것이다.

아무튼 충청말 '맥, 매기'가 서울말 '밑천'에 점점 밀려나고 있다. 다양한 언어는 표현을 자유롭게 하고 국어를 풍요롭게 한다. '맥, 매기'는 '밑천'과 함께 고급스런 비유어로 가치가 높은 말이다. 정확히 정리하고 살려내어 국어사전에 오르게 하고 싶다.

» 구들장이 따땃허게

- '따뜻하다, 따뜻이'의 충청말.

"해가 나니 참 땃땃허구먼."

"구들짱이 따땃허니께 시상 걱정이 싹 읎어지네."

"목간허게 땃따시 물 점 데놔라."

"이전차람 사람덜이 땃따시 대해주니께 지낼만 히유."

'덥지 않고 포근한 정도로 온도가 높은 것'을 이르는 표준어가 '따뜻하다'다. 우리 충청도에서는 '땃땃허다'라고 한다. 얼핏 표준말과 비교하면 '따땃허다'가 아닐까 궁금해지기도 한다. '땃땃허다'와 '따땃허다'의 발음은 아주 비슷하기 때문이다.

표준어 '따뜻하다'와 충청말 '땃땃허다'의 옛말은 'ᄯᆞᆺᄯᆞᆺᄒᆞ다'다. 이 말이 지역에 따라 서로 조금 다르게 변한 것이다. 표준어의 변화 과정을 살펴보면 'ᄯᆞᆺᄯᆞᆺᄒᆞ다→땃뜻하다/따뜻하다'인데, 현대 표준어를 사정할 때 '땃뜻하다[딷뜨타다]'와 '따뜻하다[따뜨타다]' 가운데 '따뜻하다'를 표준말로 선택했다. 서로 비슷한 발음이 이어질 때 뒤에 오는 소리가 된소리면 앞소리(받침)를 쓰지 않도록 규정한 것이다. 헷갈리지 않고 쉽게 쓸 수 있도록 한 규정이다.

대신 충청말 '땃땃허다'와 '땃따시'는 표준어와 달리 '충청말 규정'이라는 것이 없으니 옛말의 형태를 그대로 이은 것이다. 이 '땃땃허다'와 '땃따시'를 표준어 규정에 따라 적는다면 '따땃허다, 따땃이'라고 쓸 수 있겠다.

설명이 복잡해졌지만, 서울과 충청도는 지역이 가까워 말도 큰 차이를 보이지 않는다. 이렇다보니 서울말이 쉽게 충청도에 퍼졌고, 예전부터 '땃땃허든(따땃허든), 따뜻하든' 별 거부감 없이 섞여 쓰였다.

» 솜바질 입구두 더럭더럭

추위에 몸이 흔들리는 것을 '덜덜 떤다.'라고 한다. 아파서 신음하며 앓는 모양은 '끙끙 앓는다.'라고 한다. 여기서 '덜덜'과 '끙끙'은 표준어면서 충청말이다. 충청도 사람들은 '들들 떤다'거나 '낑낑 앓는다'라고도 하지만 기본은 표준어와 같이 '덜덜, 끙끙'이다.

그런데 충청말에는 표준어에 없는 말이 있다. 그게 '더럭더럭'이다. 이 말은 '덜덜'과 '끙끙'의 뜻을 동시에 가지고 있다. 필요에 따라 떠는 모양이 되기도 하고, 앓는 소리가 되기도 하는 것이다.

'더럭더럭'은 '덜덜'에서 나온 말이다. '덜'에 '-억'이 붙은 것이다. '덜덜'은 몸을 떠는 모양을, '-억'은 '심하게 그러한 것'을 뜻하는 접사다. 그러니까 '더럭더럭'은 '덜덜'보다 심하게 몸을 떠는 것이다. 이렇게 몸을 심하게 떨며 앓다보면 신음소리가 따르고, 그래서 '몸을 떨며 끙끙 앓는 모양'을 뜻하는 말이 되었다. 여기에 '몸을 흔들며 크게 소리치는 모양'을 나타낼 때도 쓸 수 있는 말이 되었다.

"더럭더럭 소리만 질르지 베랑 싸납진 않였어."(버럭버럭 소리만 지르지 그리 사납진 않았어.)

"더럭더럭 앓다가니 보름두 안 되서 갔다닝께."(심하게 떨며 앓다가는 보름도 안 되어 죽었어.)

"즑날이 월매나 춘지 솜바질 입구두 더러더럭 떨었다니께."(겨울날이 얼마나 추운지 솜바질 입고도 덜덜 떨었다니까.)

이웃의 아주머니는 손주들에게 더럭더럭 소리를 질러댔다. 목소리가 참 컸다. 그런데 아주머니는 세 손주의 볼 한 번 꼬집지 못했다. 애정이 아주 깊었다. 예전엔 옘병이 종종 찾아왔다. 장질부사는 참 무서웠다. 그렇게 피똥을 싸며 더럭더럭 앓다가 돌아간 이가 여럿이었다.

지금은 추위가 한창인 섣달이다. 의복도 난방도 변변치 못했던 시절엔 더 추웠다. 홑바지저고리로 겨울을 나는 이들이 많았다. 솜바질 입은 이도 더럭더럭 떠는 겨울날은 참 길었다. 올 겨울엔 말의 추억에 젖어보자. 몸도 마음도 따뜻하게 녹여보자.

» 장적불이 화룽화룽 잘 타너먼

- 표준어와 비슷하면서 다른 말

"이룽이룽 시뻘건 숫불을 아까서니 오치기 버린댜?"

"분을 뭇 이겨서니 걔 눈빗이 이룽이룽허더라니께."

나는 말에 대한 관심이 크다. 우리말을 참 많이 알고 있다. 몇몇 친구들은 나를 보고 '걸어다니는 국어사전'이라 부른다. 표준어도 많이 알고 충청도 사투리도 많이 안다. 물론 모르는 게 더 많다. 보통 사람들에 비하면 그렇다는 거다.

그런 내가 '이룽이룽, 이룽이룽하다'가 사투리란 것을 얼마 전에야 알았다. 얼마 전

"참나무 장적개비라 그런지 화룽화룽허니 오래 타너먼."

누군가의 말을 듣고 '화룽화룽? 옳다구나, 충청말 하나 찾었다.' 얼른 메모하고 집에 돌아와 국어사전을 뒤졌다. 표준어를 찾아보니 나오지 않았다. 이 말을 충남예산말사전 목록에 올려놓고 비슷한 말을 정리하다 보니 '이룽이룽'이 나온다.

나는 '이룽이룽'이 당연히 표준어라 생각했다. 그런데 표준국어대

사전과 여러 사전을 뒤져도 '이룽이룽'이 보이지 않는다. 대신 '이룽이룽하다'가 나온다. '보기에 뚜렷하지 않고 흐릿하다.'라고 풀이되어 있다. 이상하다. '불길이 활활 타오르는 모양'이란 풀이가 없다.

오랜 생각 끝에 나는 내가 '이룽이룽'을 표준어라고 생각한 까닭을 알았다. '이룽이룽하다'가 국어사전에 올라있는 말이기 때문이다. 그리고 이 표준어가 충청도에서 쓰는 '이룽이룽'과는 다른 뜻으로 쓰인다는 것을 몰랐기 때문이다.

충청말 '이룽이룽하다'는 본래 표준어와 같은 말이다. '아지랑이 같은 것이 눈에 어려서 앞이 또렷하게 보이지 않고 흐릿하다.'라는 뜻으로 쓰이는 말이다. 그런데 충청도에서는 '앞이 흐릿할 정도로 불기운이 세게 일어나는 모양'으로 뜻이 확장된 것이다.

충청도에는 '불길이 거세게 일어나는 모양'을 뜻하는 말이 많다. 대표적인 말이 '화룽화룽, 화룽화룽하다'다. 표준어에서는 '활활, 활활 타다' 정도인데, 충청말 '화룽화룽'은 이 '활활'에 접사 '-웅'이 끼어든 형태다. 이처럼 충청말은 '이룽이룽, 화룽화룽, 활활'처럼 다양하게 쓰인다. '활활' 하나뿐인 표준어와는 댈 것이 못 된다. 아마 서울 사람들이 충청말의 다양한 표현법을 안다면 겁나게 부러울 거다. 그리고 이 말이 '충청말사전'에 기록되고 우리들이 재미나게 쓰면, 이 말들은 머지않아 국어사전에 오르게 될 것이다.

"등걸불이 이룽이룽 일나니께 뜨거서 구락징이 앞이 안졌덜 뭇허겄데."(장작불이 활활 타오르니까 뜨거워서 아궁이 앞에 앉아있질 못하겠데.)

"장적불이 화룽화룽 잘 타너먼 왜 들구 부시땡이루 쑤셔싼댜?"(장작불이 활활 잘 타는데 왜 자꾸 부지깽이로 쑤셔댄대?)

» 저 얼미진 눔이 또 일 치너면

'저 얼미진 눔이 또 일을 치구 있구먼.'(저 거친 녀석이 또 일을 저지르고 있군.)

'저렇기 얼미진 짓이나 허구 댕기니 어니 누가 밴기겄남?'(저렇게 거친 행동을 하고 다니니 어느 누가 반기겠는가?)

'얼미지다'는 우리 지역에서 흔히 쓰는 말이다. 그래서 충청도 사람이라면 애나 어른이나 대부분 알고 쓴다. 그런데 어찌된 일인지 국어사전이나 방언사전에서 찾아볼 수가 없다.

충청말 '얼미지다'는 그 형태로 볼 때 조선시대에 쓰이다가 사라진 말인 '얼믜다'에서 나온 것으로 보인다. '얼믜다'는 '짜거나 엮은 것이 촘촘하지 아니하고 성글다.' 또는 '말과 행동이 거칠다.'는 뜻을 지닌 옛말이다. 이 말에 '지다'가 붙었다. 이 말은 조선시대 충청도에서 '얼믜지다'라고 쓰였을 것이고, 서울지방에서는 쓰이지 않았던지 표준어가 되지 못했다. 다른 지역에서도 조사된 적이 없었던 것으로 보인다.

이 '얼미지다'와 비슷한 뜻을 지닌 표준어를 찾으면 '거칠다, 성기다, 설피다' 따위가 있다. 그런데 '성기다, 설피다'는 요즘 거의 쓰이지 않는다. 그래서 '얼미지다'를 이 말로 바꾸면 어색하고, '거칠다'로 바꾸면 충청말 '얼미지다'와는 느낌이 조금 달라진다.

표준말로

"사람이 참 거칠구먼.'

하면 단순히 '그 사람의 언행이 험하다.'는 표현이 되지만, 충청말로

"사람이 참 얼미지구먼."

하면 '그 사람의 언행이 험하다.'는 뜻도 되지만, '그 사람의 언행이 세밀하지 못하고 엉성하다.'는 뜻도 담아내기 때문이다.

표준어 사정 규칙에 '표준어에 없는 지방말은 표준어로 삼는다.'라는 항목이 있다. 이 규정에 따르면 충청말 '얼미지다'는 충분히 표준어가 될 자격을 지니게 된다. 물론 우리 충청도 사람들이 잊지 않고 널리 쓸 때 그리 되는 것이다.

» 아니껍구 드럽구 티껍구

충청도와 전라도에서는 '티껍다'라는 말을 많이 쓴다. 얼마 전 국어사전을 펼쳤더니 이 말이 '더럽다'의 '평안도 방언'이라고 나온다. 에구, 이건 참 난감하다. '티껍다'는 속되긴 하지만 전국에서 널리 쓰이는 순우리말이다. 그런데 지역말 조사가 제대로 이루어지지 않아 국어사전에 오르지 못했다.

요즘 지역말들이 빠르게 사라지고 있다. 국어사전에 오르지 못한 방언들은 책에 쓰지 않는다. 그러다 보니 자라나는 젊은이들은 배울 기회가 없다. 지역에 사는 분들도 원활한 소통을 위해 지역말은 되도록 쓰지 않는다. 당연히 표준어가 아닌 말들은 빠르게 사라지는 것이다.

'티껍다'는 기록에 없다. 당연히 어떻게 생긴 말인지 알려져 있지 않다. 다만 말의 꼴을 보면 '티+-껍다'로 보인다. 보통 '티'는 '살갗이나 옷 따위에 달아 붙는 먼지나 때 같은 것'을 이르는 말이다. '-껍다'는 '그런 상태에 있다. 그런 성질이 있다'는 뜻을 더하는 접사다. 이를 연결시켜 풀이하면 '몸에 먼지나 때가 묻은 것처럼 눈에 거슬리거나 기분이 나쁘다.'란 말이 된다.

'아니껍다'도 '티껍다'와 비슷한 말이다. '비위가 상할 정도로 눈에 거슬리다.'의 뜻으로 쓰이는 충청말이다. 상대의 말이나 행동이 거슬리고 밉살맞을 때 쓴다. 먹은 게 뒤집혀 구역질이 날 것처럼 상대가 뵈기 싫을 때면 '아니껍고 드럽고 티껍고 메시껍고 치사허고 미깔맞고 꼴뵌다.'고들 했다. 지금 '아니껍다'는 어르신들도 대부분 '아니꼽다'라는 표준어를 쓰기 때문에 듣기 힘들어졌다.

이 두 말은 모두 어간에 'ㅂ'이 들어 있다. 어간에 'ㅂ'이 들어간 경우 충청말과 표준어에는 큰 차이가 있다. 표준어에서는 모음 앞에 오는 'ㅂ' 은 '오/우'로 바뀐다. 이에 반해 충청말은 모음 앞에서 'ㅂ' 은 탈락한다. 예를 들어 표준어 '아니꼬워, 아니꼬워서'는 충청도에서 '아니꺼, 아니꺼서'가 된다. '티껍다'도 '티꺼워, 티꺼워서'가 아니라 '티꺼, 티꺼서'가 된다. 이 차이는 충청어법이 표준어법과 다르기 때문에 생긴 것이다. 이런 차이 때문에 충청도 사람이 표준어를 쓴다고 해도 금방 표가 난다.

아래에 예전에 많이 쓰던 문장 몇 개 늘어둔다. 옛날을 추억하며 재밌게 다시 써 보자.

"돈 점 불었다구 되게 티껍게 구너먼."

"그렇기 드럽구 티꺼믄 자네두 돈 점 불지?"

“그 사람이 올매나 티겂던지 찾어온 사람두 베랑 읎더랴.”

“허넌 짓이 점 티껍긴 혀두 사람이 아주 나쁘던 않어.”

“그 사램이 원체 아니껍게 구니께 내 그런 겨. 근디 그땐 참 아니겂넌디 지끔 생각허문 앙꺼두 아녀어.”

» 움적움적, 멀 먹넌댜?

"움적움적 입안이다 뭘 늫구 먹넝 겨?"

"그 몸띵이 점 움적거리덜 말구 가만 점 있어라이."

"몸이 천근이지먼 워치건댜? 심들어두 먹구 살라믄 몸을 움적여야지."

"지둥뿌리기가 움적움적허넌 걸 보닝께 썩은 모냥이여."

"아프다구 눠만 있덜 말구 움적여 나댕겨 봐."

"그 냥반 움적움적허매 문백이 돌어댕기긴 허더먼 오라 버티던 뭇헐 것 같어."

위 예문들은 충청도 사람들이라면 익히 들어본 것이거나 많이 써본 말들일 것이다. 그런데 어찌된 일인지 국어사전이나 방언자료에는 움적움적이 북한말이라고 나온다. 아마도 방언조사가 충분히 이루어지지 않은 탓일 것이다.

'움적움적 - 큰 몸을 조금 느리게 자꾸 움직이는 모양'을 뜻하는 북한어, '움적거리다 - 큰 몸을 조금 느리게 자꾸 움직이다'를 뜻하는 북한어. 이것은 국어사전에 풀이된 내용이다. 뭐, 우리 충청도에서 쓰는 것과 별반 다를 게 없다. 우리 충청도에서는 '움적움적'이라고 하면

"그 큰 떡을 입이다 늫구 움적움적 허더니 대번이 꿀떡 생켜버리더라구."

처럼 '음식물을 넣고 입을 크게 움직이는 모양'의 뜻으로 많이 쓴다. 결국 북한에서 쓰는 말과 딱히 차이는 없다.

이 '움적'과 대응하는 표준어는 '움직'이다. 위의 예문에서 '움적'을 '움직'으로 바꿔 쓰면 표준어가 되는 식이다. 그런데 우리 충청도에서는 '움직이다'와 '움적이다'를 함께 쓴다. 이것은 '움적이다'란 충청말이 표준어 '움직이다'로 변화하는 과정에 섞인 것인지, 아니면 오래 전부터 두 말이 함께 쓰여 온 것인지는 확실치 않다. 다만 예전에는 '움적이다'가 많이 쓰였다는 것이고, 우리 충청말이 제대로 조사되지 않고 정리되지 않았다는 사실이다.

» 땅 파넌 일이 그중 심든 중이나 알어

- 표준어 같은 충청말

'그중'은 표준어가 아니라 충청, 전라 방언이다. 국어사전에는 '그중'이 표제어로 등재되어 있다. 이에 충청도 사람들은 흔히 표준어로 착각한다. 그러나 자세히 들여다보면 충청도 사람이 쓰는 '그중'은 서울 사람이 쓰는 '그중'과 다르다.

'그중'은 무엇을 가리키는 지시어 '그'에, 가운데 '중(中)'이 붙어 만들어진 합성어다. 말 그대로 표준어의 '그중'은 '그 여럿 가운데, 여럿 가운데에서'라는 뜻으로 쓰인다. 이 말은 명사로 쓰일 때도 있고, 뒤에 오는 용언을 꾸며주는 부사로 쓰일 때도 있다. 명사로 쓰일 때는 '여럿 가운데'의 뜻으로 서울말이나 충청도 말이나 차이가 없다. 그런데 부사로 쓰일 때 충청도 말에서는 '여럿 가운데에서'라는 뜻이 아니라 '여럿 가운데 가장, 최고로, 제일로'의 뜻으로 쓰인다.

① 그중이선 이게 질 나슨 겨.(그 가운데에서는 이게 제일 나은 거야)

② 부모 말씀 그역허넌 짓이 그중 불효여.(부모 말씀 거역하는 짓이 가장 큰 불효야.)

③ 땅 파넌 일허구 그도로 통나무 짤르넌 일이 그중 심든 일인 중

이나 알어.(땅 파는 일하고 톱으로 통나무 자르는 일이 최고로/가장 힘든 일인 줄이나 알아.)

①의 '그중'은 명사로 쓰인 경우다. 이때는 '여럿 가운데'의 뜻으로 표준어와 쓰임이 같다. 그래서 ①의 '그중'은 표준어가 된다. 그런데 ②의 '그중'은 사정이 다르다. 표준어식으로는 '부모 말씀 거역하는 것이 여럿 가운데에서 불효야.'로 풀이해야 하는데, 이럴 경우 암만 해도 의미가 자연스럽지 못하다. ③의 '그중'도 ②와 같이 '통나무 자르는 것이 여럿 가운데에서 힘든 일인 줄이나 알아.'라고 풀이하면 억지가 된다.

정리하면 '그중'은 명사로 쓸 경우 표준어와 같지만, 부사로 쓰일 때는 표준어의 '가장'과 같은 뜻이 된다. 예전 충청도 사람들은 '가장'이란 말을 거의 쓰지 않았다. 지금도 어르신들은 '가장'보다는 '그중'이란 말을 주로 쓴다. 이것은 '그중'이 '가장'의 뜻을 대신 할 수 있는 충청말이기 때문이다. 이 두 말 가운데 충청도 사람들은 '그중'을 관습적으로 선택해 썼고, 그런 까닭에 '가장'은 충청도에서 외면당하고 천대받던 말이었다.

시대가 변하면서 충청도말 '그중'은 표준말 '가장'에 밀려났다. 그렇지만 '그중'은 이미 표준어로 등재되어 있다. 이 말의 부사적 용법에 충청도나 전라도에서 쓰는 '가장'의 의미를 더하면 참 좋겠다. '그중-〈부사〉 ①여럿 가운데에서. ②여럿 가운데에서 가장.' 이런 식으로 말이다. 이렇게 지역말이 살아날 수 있다면, 우리 국어는 더 풍부해지고 다채롭게 꽃필 일이다.

» 깜막깜막, 까그매 정신

'깜막'과 '까빡'은 예전에 흔히 쓰던 말이다. 표준말은 '깜박'과 '깜빡'이다. 그런데 '깜막'은 국어사전이나 여러 방언사전에서 찾을 수 없다. '까빡'은 또 '깜빡'의 전남방언이라고 올라가 있다. 요즘 '깜막'이란 말을 쓰는 분들이 드물지만, '까빡'이란 말은 흔히 쓴다. 예문을 들어 쓰임을 살펴보자.

① 내가 깜막 잊구 뭇 챙긴 게 있넌디, 내 장꽌 집이 점 댕겨오께.

② 요짐 내가 까그매괴길 먹은 것두 아닌디, 증신이 깜막깜막혀.

③ 까빡 졸었넌디 그새 삼십 분이 지나뻰졌네.

④ 요짐 내가 증신이 읎어. 우리집 즌화번호두 들구 까빡거린다닝께.

나두 심란허니께 그렇기 까빡그리매 쳐다보덜 말어.

⑤ 촙불이 까빡까빡 죽어가잖남? 싸게 심지 점 돋어봐.

⑥ 까빡헐 게 따루 있지. 일 나가넌 눔이 연장 안 챙기는 건 뒷간 가맨서 밑찡개 안 들구 가넌 것버덤 더헌 겨. 아눔아!

⑦ 아니, 이 냥반이 까빡이는 폼이루 달구 댕기나? 좌회전을 헐 것 이믄 좌회전을 헌다구 까빡이를 느야 헐 것 아녀?

'깜막'과 '까빡'은 '불빛이나 별빛 따위가 밝아졌다 어두워졌다를 반복하는 것'이다. 그런 것처럼 '기억이나 의식이 잠깐씩 흐려지는 것'이다. 더러는 '눈을 감았다 떴다 하는 것'을 뜻할 때도 있다. 이 '깜막'과 '까빡'이 겹쳐지면 '깜막깜막, 까빡까빡'이 된다. '-하다, -거리다'가 붙으면 '깜막하다, 까빡하다, 깜막거리다, 까빡거리다'가 된다.

재미난 것은 자동차의 '깜빡이'를 나이 지긋하신 분들은 '까빡이'라고 말하는 것이다. 자동차 문화는 일반화된 것이 오래지 않다. 그러니 '깜빡이'는 근래에 생겨난 말이다. 그런데 연배가 있는 충청 사람들은 종종 '까빡이'라고 한다. 표준말 '깜빡'을 충청말 '까빡'으로 바꿔쓰는 것이다. 이는 충청말이 깊숙이 몸에 배어 자동적으로 나오는 말이다. 예전에 쓰이던 수많은 방언들이 사라져가고 있는데, 일부에서는 새로운 방언이 만들어지기도 하는 것이다. '까빡'이란 말이 전라방언이라 국어사전에 올라와 있는 것을 보면 전라말의 표준어화가 충청도말보다 늦은 것이겠다. 서울과의 거리가 있으니 그렇겠다. 전라도에서 쓰이는 말이라면 특별하지 않는 한 충청도에서도 쓰인다. 그러니 '까빡, 까빡거리다' 따위의 말은 충청, 전라방언으로 볼 수 있겠다. '깜막'은 자주 듣긴 힘들다. 50대 이하 분들은 거의 쓰지 않기 때문이다. 다만 '깜막'은 표준어와 비슷하기 때문에 소통에 지장이 없다. 그래서 어르신들은 지금도 자연스레 쓴다.

» 여가 워딘 중 알구 깝숙그리넌 겨?

"여가 워딘 중 알구 늬까짓 게 나서서 깝숙그리넌 겨?"

'깝숙, 껍숙'은 '신이 나서 몸을 흔들어대는 모양'을 나타내는 말이다. 좋은 일이 생겨 기분을 내는 것은 좋은 일일 게다. 그러나 다른 사람들은 생각지 않고 아무대서나 몸을 까불어대는 일은 보기에 좋지 않다. 나설 자리와 나서지 않을 자리를 구분하지 못하고 잘난 체하며 나댄다면 더욱 꼴 뵌다. 이렇게 방정맞게 나대며 까불어대는 것을 충청도에선 '깝숙댄다, 껍숙거린다'라고 한다.

'깝숙, 껍숙'의 표준말은 '깝죽, 껍죽'이다. 흔히 '깝죽댄다, 껍죽거린다'라고 말한다. 충청도에선 보통 나이가 많으신 분들은 '껍숙'을 많이 쓰고, 젊은 사람들은 '깝죽'을 쓴다. 물론 다 자연스럽게 소통이 된다. 그것은 충청말과 표준말의 차이가 작기 때문이다. 더러는 어느 것이 표준말이고 어느 것이 사투린지 구분하지 못하는 분들도 많다.

말이 서울말과 비슷하다 보니 이 말들은 표준말에 쉽게 동화되었다. 50년 전쯤만 해도 '깝죽거린다'라는 말은 거의 쓰이지 않았다. 모두들 '껍숙거린다'라 썼다. 그랬던 것이 1960년대 이후 표준어 교육이 확산되면서 느끼지도 못하는 사이 충청말 '깝숙댄다/껍숙거린다'는 사라지고, '깝죽댄다/껍죽거린다'가 그 자리를 차지했다. 비슷하게 쓰인 말로 '깝친다'라는 말이 있다. 지금 자라나는 아이들은 모르겠지만, 50대 이상 되신 분들은 어릴 적 '껍숙댄다, 깝친다'라고 말했던 기억을 대개 떠올릴 것이다.

"껍숙그리덜 말구 웅딩이 점 붙이구 앉어 있어라."
"암디서나 껍숙껍숙 나스믄 뭇 쓰넌 거여."
"그 사람 말여. 잘난 첵허매 껍숙대다가니 뒨통 당혔다니께."
"저 눔이 또 깝치구 자빠졌네."

» 꼬개꼬개 꾸겨진 돈

-'꾸깃꾸깃'의 충청말

"뭔 종이가 그렇기 꼬개꼬개 꾸겨졌댜?"

"아니, 돈을 왜 꼬개꼬개 접어서니 양말 속이다 눙넌 겨?"

"멫 번 입두 않언 옷인디 벌써 꾸기꾸기 꾸겨졌네."

'꼬개꼬개, 꾸기꾸기'는 많이들 아시겠다. 지금도 어르신들이 많이 쓰고, 쓰지 않는 분들도 예전에 많이 듣고 많이 써온 말일 테니까. '꼬개꼬개'는 요즘 많이 쓰지는 않지만, 할머니 할아버지의 말씀을 들으며 자란 어른들이라면 또 기억하고 있을 일이다.

오늘 나는 '꼬개꼬개'와 '꾸기꾸기'를 기록했다. 이 말을 쓰는 다른 지방은 어디일까? 방언사전을 찾아봤다. 평안북도에서 쓰는 방언이라고 나온다. 이상하다? 이 말은 충청도에서 흔히 쓰는 말인데? 그래서 다른 자료를 뒤적였다. 국립국어원 방언자료집을 들여다보니 거기도 평안북도 방언이라고 기록되어 있다. 충청도에서 쓰고 있고, 평안도에서도 쓰고 있는 말이라면 전국적으로 꽤 널리 쓰일 법하다. 이를 보면 정밀하고 광범위한 방언 채록은 아직도 요원한 듯싶다.

'꼬개꼬개, 꾸기꾸기'는 다들 아는 것처럼 '옷이나 종이 같은 물건에 구김살이 마구 생겨난 모양'을 나타내는 말이다. 표준말은 '꼬깃꼬깃, 꾸깃꾸깃'이다. 이 표준어에 '-하다'가 붙으면 '꼬깃꼬깃하다, 꾸깃꾸깃하다'가 되는데, 우리 충청도에서는 '꼬기꼬기허다, 꾸기꾸기허다'가 된다. 예전에는 '꼬개꼬개허다'도 쓰였는데 요즘은 들을 수가 없다.

사정이야 어떠하든 충청말이 제대로 기록되어 있지 못한 채 자꾸만 사라져간다. 이런 마당에, 지금도 살아 숨쉬는 충청말이 평안도 말이라고만 기록되어 있는 현실이 씁쓸하다. 아래 한두 문장 보기를 더 들어본다.

"꼬기꼬기 접어논 그것 점 일루 개져와 봐라."
"옷이 꼬기꼬기헌 것이 암체두 대림질을 히야 쓰겄구먼."

» 뻥깃뻥깃 웃어쌓넌디

- 특별한 충청말 '뻥깃거리다'

표준어 '뻥긋뻥긋'은 뭐가 좋은지 '입을 벌리고 자꾸 웃는 모양'을 나타내는 말이다. 비슷한 말에는 '뻥끗뻥끗, 빙긋빙긋, 벙긋벙긋, 뻥끗뻥끗, 방긋방긋, 빵끗빵끗' 따위가 있다. 그런데 표준어의 모음 'ㅡ'는 충청도에 와 대개 'ㅣ'로 바뀐다. '젖가슴이 몽긋하다'는 '젓가심이 몽깃허다'가 되고, '단풍이 울긋불긋'은 '단풍이 울깃불깃'이 된다. 이렇게 맞춰보면 위 말의 충청말은 금세 알 수 있다. '뻥긋뻥긋'은 '뻥깃뻥깃'이 되고, 다른 말들은 '뻥낏뻥낏, 빙깃빙깃, 벙깃벙깃, 뺑낏뺑낏, 방깃방깃, 빵낏빵낏'이 되겠다.

"그 냥반 아깨버텀 뻥낏뻥낏 웃어 쌓던디 뭔 존일 생겼내 벼."(혼자 입을 벌리고 소리 없이 웃는 모양)

"손주 놈이 벙깃벙깃 웃넌 걸 보믄 그렇기 이쁠 수가 읎어."(아이가 입을 벌리고 밝게 웃는 모양)

"이뿐 샥시가 눈을 찡그리매 방깃 웃넌디 가심이 쿵덩 허더랑께."(아가씨가 입을 벌리고 밝게 웃는 모양)

이 말들은 기본 뜻이 같지만 소리의 차이에 따라 느낌이 조금씩 달라진다. 소리 없이 입만 비쭉이며 웃으면 '빙깃빙깃/뺑깃뺑깃', 소리 없이 입을 크게 벌리고 웃으면 '벙깃벙깃/뺑낏뺑낏', 소리 없이 밝고 예쁘게 웃으면 '방깃방깃/빵낏빵낏'이 된다. 여기까지는 표준어와 충청말의 뜻 차이는 없다.

그런데 충청말에서 '뻥깃뻥깃'은 표준어와는 전혀 다른 단어로 존재하기도 한다.

"바뻐 죽겄넌디 뻥깃거리지만 말구 일 점 그들어라."(바빠 죽겠는데 주변서 빈둥거리지만 말고 일 좀 거들거라.)

"뻥깃뻥깃 농땡이부리덜 말구 해다가기 전이 일 끗내여."(빈둥빈둥 꾀부리지 말고 날 저물기 전에 일을 끝내거라.)

"말을 안 듣구 저렇기 뻥깃뻥깃허넌디 열통 터져 죽겄유."(말을 안 듣고 저렇게 주변만 맴도는데 화가 나서 죽겠어요.)

대충 이해하겠지만 위 예문에 쓰인 '뻥깃'은 입을 벌리고 자꾸 웃는 모양을 가리키는 말이 아니라, '시킨 일이나 제 할 일을 하지 않고 주변에서 빈둥거리는 모양'을 나타내는 말이다. 그러니까 이때의 '빙깃'은 웃는 모양의 '빙긋'에서 온 말이 아니라, 주변을 맴도는

'빙빙, 빙글빙글, 빙긋'에서 나온 말일 수 있다. 따라서 충청말 '빙깃빙깃, 뺑깃뺑깃'은 아직 그 정체가 정립되지 못한 말이다. 지금 이 말은 충청도 전 지역에서 쓰이고 있다. 아주 귀하고 소중한 말이다.

» 초고똥버터 틀려번진 겨

팔순 어머니가 혼자 사시는 시골집에 간다. 이우지의 팔순 할머니 세 분이 감자 껍질을 벗기며 이야기꽃을 피우고 계신다. 그 모습이 보기 좋아 곁을 서성거린다. 정겨운 충청의 사투리가 이야기 속에 가만가만 살아 숨 쉬는데 참 재밌다.

"오티기 일은 잘 되가남?"

"그 일은 애저녁이 초고똥버터 틀려번진 겨."

대화 중에 내가 끼어든다.

"아줌니, 초고똥이 뭔 소리래유?"

"아니 초고똥이 초고똥이지 뭐겄어? 근디 시방 그 말이 먼 말인지 몰러서 내기다 묻넌 겨?"

뭐, '초고똥'이 뭔 말인지 몰라서 물은 것은 아니다. 요즘 자주 듣지 못하던 '애저녁'이니 '초고똥'이 막 나오니 반가워서 그런 거다. 가만 돌아보면 이런 말들은 곳곳에 살아 쓰이고 있다. 공식적인 자리가 아닌 곳에서는 4~50대들도 심심찮게 쓰고 있다. 그런데 이런 말들이 정리된 곳을 찾아볼 수가 없다.

오늘 밤 나는 혹시 하며 다음과 네이버 검색창을 두드린다. 여기저기 들춰본 결과가 '초고똥이 뭔 말인지 알려 주세요.'라는 질문 한 건을 찾은 거다. 그 질문에 답글을 달아주다가 나는 여기에 정리해 두기로 한다.

'초고똥'은 '일의 시발점(始發點)이나 일의 첫머리'를 뜻하는 충청말이다. '초(初)'는 일의 첫머리를 뜻하는 한자말일 것이고, '고동'은 '비틀어 작동시키는 기계나 일이 진행되는 계기'를 뜻하는 순우리말이다. 이 두 말이 붙어서 '초고똥'이 된 것으로 생각한다. 여기에 조사 '이'가 붙으면 '초고똥이'가 된다.

세 분 할머니의 뒷말 한 토막을 덧붙이며 잊혀가는 충청말을 되새겨본다.

"먼 일을 헐라믄 초고똥이버터 기획(計劃)을 잘 잡어서 히야넌 건디 말여. 초고똥이가 글러먹었넌디 되넌 일이 머가 있겄어?"(무슨 일을 하려면 일의 첫머리부터 계획을 잘 짜서 해야 하는 건데 말이야. 시작이 잘못됐는데 되는 일이 무엇이 있겠어?)

» 쪼메, 쪼까, 째끔, 쬐끔

- '조금'의 방언

"표준말로 '조금'이라는 말의 사투리로 '쬐끔', '쪼까,' '쪼메'라는 말이 있는데 이게 모두 충청도 말인가요?"

엊그제 sns에 질문 하나가 올라왔다. 충남 분인데 지금은 외지로 나가 부모님만 충남에 사신다고 한다. 오랫동안 표준어를 사용하다가 이제 충청 말을 돌아보게 되었단다. 충남에서 자랐기 때문에 충청말에 대해 제법 알고 있다고 믿어왔는데, 뜻밖에 자신이 모르는 충청말이 참 많다는 것을 발견했단다. 그러면서 위 질문을 내게 던졌다.

이 글을 읽는 분들께선 위의 세 말 가운데 어느 것이 충청말이고, 어느 것이 다른 지역 방언인지 구분이 되시는가? 내 어림으로는 충청도 어르신들이라면 대부분 '쪼까허구 쪼메는 충청도 말 아녀.'라고 하시겠고, 젊은 분들은 적잖이 헷갈릴 것이다. 그럼 위 말 가운데 충청도 말은 어떤 것이고, 이 말들이 어떻게 생긴 것인지 알아보자.

먼저 이 말들은 모두 표준어 '조금'을 뜻하는 방언이다. 이 말들은 공통적으로 '쪼-'나 '짜-'로 시작하고 있다. 이것은 '작다'에서 나온 말이기 때문이다. 옛말을 살피면 '쟉-'은 '쬭-'으로 바뀌기도 했다. 그러니까 '쪼-/짜-'는 '쬭-/쟉-'이 변한 말이다. '쬭-'에 접사 '-옴'이 붙으면 '죠곰→쪼꼼/쬐끔'이 된다. '쟉-'에 '-음'이 붙으면 '쟈금→재금/째끔'이 된다. 그리고 연결어미 '-게'가 붙으면 '쟉-+-게→작게/짝게〉째께'가 되고, '쬭-+-게→족게/쪼께〉쬐께'가 된다.

옛말들은 대개 서울말을 기준으로 기록된 것이다. 그래서 근거가 될 만한 요소는 거의 서울말일 수밖에 없다. 어쩔 수 없이 그 기록을 중심으로 살피면, 서울과 가까운 충청도 말은 서울말과 비슷하고 거리가 먼 지역은 서울말과 차이가 많이 난다.

'작게'에서 나온 '쪼까, 쪼께, 쪼메' 따위의 방언은 표준어 '조금'과 차이가 크다. 당연히 충청도 말이 아니다. 세분해 살피면 '쪼까'는 주로 경상도 지역을 중심으로, 전남과 충북과 강원 지역에서 쓴다. '쪼께, 쪼매'도 서울에서 먼 경상도 지역과 전라도 지역에서 쓰는 말이다. 이 밖에 '쬐께/째께'는 전라도 지역에서 많이 쓰는 말이다, '쬐께/째께'는 전라도와 인접한 충남 남부지역에서 일정 정도 쓰인다. 그리고 금강이나 차령 이북지역인 예산, 홍성, 당진 쪽으로 올라오면 '쪼꼼(쪼곰), 째끔(째금), 쬐끔(쬐금)'으로 바뀐다. 이 '쪼꼼, 째끔, 쬐끔'은 충남지역 외에 경기 남부지역까지 널리 쓰이는 말이고, 이 말이 한강을 건너 서울로 가면 '조금, 쪼끔'이 된다.

요즘은 전국의 방언들이 방송을 넘나들며 쏟아진다. 물론 제대로 된 방언이 아니라 방송인들이 되도 않게 쓰는 방언 말이다. 어설프게 배운 방언을 표준어에 섞어 쓰고, 경상말과 전라말을 섞어 쓰기도 한다. 전국의 말이 마구 섞였다. 그러다보니 우리들은 그들의 말을 들면서도 그 말이 어느 지역 말인지를 분간하기 힘들게 되었다.

» 에이, 집이나 가얐다

- 종결어미 '-얐다, -으얐다'

충청도 사람들은 줄임말을 잘 쓴다. 예전에는 충청도 말이 제일 느리다고 했는데, 요즘 떠도는 소문에 따르면 충청도 말이 제일 빠르단다. 빠르기도 하려니와 간단한 말 하나로 아주 다양한 뜻을 표현하기는 충청말을 따를 것이 없단다. 인터넷에 떠도는 보신탕에 대한 이야기를 예로 들어보자.

"(자네) 개 혀?" (끝부분 높임. 단순한 경우, 개고길 먹을 줄 아느냐는 물음)

"(자네) 개 혀?" (끝부분을 높임. 개고길 어떻게 먹느냐고 힐난할 때)

"(자네) 개 혀?" (끝부분을 높임. 식사 관련일 때, 보신탕을 사줄 테니 같이 먹으러 가자는 제안)

"(자넨) 개 혀~." (끝부분을 낮추어 길게 뺌. 개고긴 자네나 먹어. 난 다른 것 먹을래.)

"(자네) 개 혀?" (끝부분 높임. 개고길 못 먹는 줄 알았는데 먹는다는 것에 놀람)

"(얼른) 개 혀~." (끝부분 낮춤. 개고길 어서 먹으라고 권할 때)

"(나두) 개 혀~." (끝부분 낮춤. 나도 개고기 먹을 줄 알아. 먹을 때 자신도 끼워달

라는 뜻)

아주 짧게 줄어든 '개 혀'라는 말은 상황에 따라 뜻이 달라진다. 비록 우스갯소리지만 이는 줄임 표현이 발달한 충청말의 특색을 잘 나타내는 경우다.

이렇게 말을 줄여 쓰는 충청말의 특색은 용언의 어미에서도 드러난다. 그 중 하나가 '-(으)얐다'다. 이 '-(으)얐다'는 '-(으)야 하겠다'가 줄어든 말이다. 표준어에서도 줄임말은 많지만 충청말은 훨씬 적극적이다.

'심심한데 집에나 가야 하겠다.'라는 문장을 예를 보자. 표준어의 줄여 쓰기에서는 '심심한데 집에나 가야겠다.'가 된다. 그런데 충청말에서는 '심심헌디 집이나 가야겄다.'에서 더 줄어든 '심심헌디 집이나 가얐다.'가 된다.

이때 '가얐다'는 '가야겄다'의 준말이지만 그 의미나 분위기는 달라진다. 두 말 모두 '집에 가겠다'는 의지의 표현인데, '가얐다'가 되면 그 의지가 보다 단호해진다. '그냥 가겠다'는 것이 아니라 '반드시 간다'는 의미가 되는 것이다.

"출출허니 밥이나 먹으야겄다."(출출하니 밥을 먹어야겠다. -의지)

"출출허니 밥이나 먹으얐다."(출출하니 밥을 먹겠다. -의지,단호)

요즘은 표준말에 동화되면서 간편하게 쓰는 줄임말들이 사라져 가고 있지만, 이러한 충청말의 효율성과 편리성은 그저 버려질 것이 아니다. 잠시 사라져가는 '-(으)얐다'를 되돌아보자.

"암만히두 넌 호차리를 점 맞으야겄다."(아무래도 너는 회초리로 맞아야겠다. -화자의 생각, 꼭 때리겠다는 의지 외에 힐난이나 겁을 주려는 의도 포함)

→ "암만히두 넌 호차리 점 맞으얐다."(회초리를 들거나 찾으며, 나는 회초리로 너를 때리겠다. -의지,단호)

"암두 안 먹넌다니께 저 떡은 내나 먹으얐다."(떡이 있는 곳으로 가며, 아무도 안 먹겠다고 하니 저 떡은 내가 먹겠다. -의지)

"나는 쇠물이나 쑤얐다."(너희들이 무엇을 하든지, 나는 쇠죽을 쑤겠다. -의지)

» 돈 점 부슈?

- 충청의 높임말 '-유'의 바른 맞춤법

"소문 들었슈?"

"집엔 잘 갔슈?"

"보내준 떡 참 맛있게 먹었슈."

위 문장에 나오는 '-슈'는 잘못 쓴 것이다. 본래 '-유'가 와야 할 자리니까. 그런데 많은 사람들이 위 문장처럼 쓴다. 왜 그럴까?

이는 우선 충청어법을 많은 분들이 모르기 때문이다. 표준어 맞춤법규정을 보면 '단어는 소리 나는 대로 쓰되, 어법에 맞춰 쓴다.'로 되어 있다. 위 문장의 끝소리는 [슈]다. 그래서 소리나는 대로 쓰면 '슈'가 된다. 그러나 우리 국어에서는 '어법'이 소리에 우선한다. 충청말 '슈'는 표준어 '어요'에 대응하는 말이니 'ㅅ'이 들어갈 자리가 없다.

두 번째 이유는 국어사전에 '-슈'가 잘못 풀이된 탓이다. 인터넷 국어사전을 찾아보면 '-슈'는 '-어요'의 충청방언이라 설명하고 있다. 그런데 이는 충청도 어법을 모르는 이들이 근거 없이 풀이한 오류다. 충청어법을 깊이 연구한 분들이 없다시피 하다 보니, 충청어법을 알지 못한 채 대충 풀이한 결과를 낳은 것이다.

이제 왜 틀렸는지 충청 어법을 좀 더 자세히 들여다보자. 단도직입으로 표준어 '-어요'의 충청말은 '-유'다.

'들었어요'의 충청말은 '들었유'다. '-슈'는 '-유' 앞 있는 'ㅆ'이 뒤로 연음된 결과다. 그래서 [드러쓔]가 된 것이다. 발음상으로는 [드럳쓔]와 구분하기 어려우니 다른 보기를 들어 보자.

"쟈는 으른 말을 잘 들유."(저 애는 어른 말을 잘 들어요.)

"쟈는 맨날 빵을 먹유."(저 애는 늘 빵을 먹어요.)

위 두 문장을 보면 쉽게 알 수 있겠다. '-어요'의 충청말은 분명히 '-유'이다. 그런데 학자들이 이걸 놓친 이유는 또 있다.

"돈 점 부시우?/돈 점 부시유? → 돈 점 부슈?"(돈 좀 버시오?/버세요?)

"오디 가시우?/오디 가시유? → 오디 가슈?"(어디 가시오?/가세요?)

"드십시우./드십시유. → 드십슈."(드십시오.)'

위 세 문장을 보면 금세 구분이 될 것이다. '-슈'는 '-시우/-시유'의 준말로, 표준어 '-시오/-세요'에 대응한다. 결론적으로 '-유'는 예사높임법이 쓰인 경우고, '-슈'는 주체존대 선어말어미 '-시'가 합쳐진 경우이다. 그러니까 '-유'보다 '-슈'가 더 높이는 말로 아래 문장의 경우가 된다.

"돈 점 부슈?"(돈 좀 버세요?) - 주체높임.
"돈 점 불유?"(돈 좀 벌어요?) - 예사높임

"오디 가슈?"(어디 가세요?) - 주체높임.
"오디 가유?(어디 가요?) - 예사높임

결국 학자들은 충청말 '-유'와 '-슈'의 미묘한 차이를 알지 못한 채, 두 말을 같은 것으로 풀이하는 오류를 범했다. 지금이라도 충청말과 충청어법이 바르게 정리되고, 규칙적이고 정제된 충청어법이 그 격에 맞는 대우를 받아야 한다.

» 내 애덜기단 말 안 혔어

-조사 '한티'와 '기, 기다'

오늘은 논산에 사시는 70대 할머니의 말씀을 들었다. 할머니는 당신이 살아온 얘기를 오랫동안 들려줬다. 할머니의 얘기를 듣다가 나는 잊고 있던 충청말 하나를 발견했다.

"내 스물일곱이 육형제 집안이루 시집을 갔넌디, 그 집 성제덜이 다 내기다 잘해 줬어."

'기다!' 귀가 번쩍 뜨였다. 나는 얘기를 듣다 말고 메모장을 꺼냈다. 할머니의 말씀 뒤로 한 동안 '기다'에 골몰했다. 그러자 '기다'에서 여러 낱말들이 죽 딸려왔다. '기, 이기, 기단, 기루, 기룬, 기루다, 기선' 따위였다. 이런 것은 수없이 들어온 말이었다. 자라면서 나도 수없이 써온 말들이었다. 그런데 어느 날 문득 주변에서 사라졌다. 내 기억 속에서 지워졌다. 어찌된 일일까?

먼저 '기, 기다'를 살펴보면, 이 말은 사람이나 동물 이름 뒤에 붙여 쓰는 조사다. 표준어는 '에게, 에게다'다. 표준어 '에'의 충청말은

'이'고, '게'의 충청말은 '기'이다. 그러니까 표준어 '에게'의 충청말은 '이기'가 된다. 그런데 '이기'는 내 기억에 없다. 아마도 내가 태어나기 훨씬 전에는 쓰였을 것이다, 이 '이기'에서 '이'가 떨어져 나가면 '기'가 된다. 이렇게 이론으로만 설명하면 복잡하다. 예문을 곁들여 보자.

"내 아들기 얘길 혔더니 그런 일은 않겄댜."(내 아들에게 얘기를 했더니 그런 일은 안 하겠대.)

"그런 일은 이장기다 부탁허문 뎌."(그런 일은 이장에게다 부탁하면 돼.)

이제 쉽게 이해될 듯싶다. 그런데 왜? 이렇게 흔히 쓰이던 '기, 기다'가 갑자기 사라진 걸까? 그것은 표준어가 지역말을 단 시일에 삼켜버렸기 때문이다. 먼 예전에는 교통이 불편했다. 충청도 사람은 충청도에서만 살았다. 딱히 서울말이 필요하지 않았다. 표준어 교육이 없으니 서울말을 접할 기회가 없었다. 그런데 교통과 통신이 발달하고, 일제강점기를 거치면서 학교교육이 보편화되었다. 특히 1960년대 이후 강화된 표준어교육은 지역 말을 빠르게 몰아냈다.

이렇게 궁지에 몰린 지역말은 두 가지 중 하나를 선택해야 했다. 하나는 지역말을 버리고 표준어를 쓰는 것이다. 충청말 '어매, 아배'를 버리고 표준어 '엄마, 아빠'를 따라가는 것이다. '어덕배기'를 버리고 '언덕'을 쓰는 것이다. 이렇게 되면 충청말은 완전히 없어지고 표준어만 남는다.

다른 하나는 비슷한 말이 여럿 있을 때다. 이 경우엔 표준어와 닮은 말은 남기고, 표준어와 차이가 나는 말은 버리게 된다. 그 대표적인 예가 '기, 기다'와 '한티, 헌티'다. 이에 대응하는 표준어는 '에게, 한테'다. 이 두 말은 뜻이 비슷하다. 바꿔 써도 차이가 없다. 그런데 표준어 '에게'와 충청말 '기, 기다'는 형태가 크게 다르다. 이와 달리 충청말 '한티, 헌티'는 표준어 '한테'와 닮아 있다. 이에 충청도 사람들은 표준어와 닮은 '한티'를 주로 쓰고, 표준어와 차이가 큰 '기, 기다'는 점점 쓰지 않았다. 그래서 '한티'는 지금까지 살아 남고, 다른 말들은 거의 사라졌다. 위 예문의 '기, 기서'를 '한티'로 고쳐보면 금방 이해할 것이다.

"내 아들한티 얘길 했더니 그런 일은 안 허겄댜."
"그런 일은 이장한티 부탁허믄 되여."

아래에 '기'와 이어진 말들을 몇 개 적어보면 아래와 같다. 살펴보면서 사라져가는 충청말을 추억해 보자.

"아들기서 기벨이 왔넌디 이번이 큰손주가 장갤 간댜."(아들에게서

기별이 왔는데 이번에 큰손자가 장가를 간대.)

"내 애덜기단 말 안혔어. 고여니 걱정헐깨비.(내 애들에겐 말 안했어. 공연히 걱정할까 봐.)

"이 얘긴 그 사람기다넌 비밀이여. 말 허문 클나."(이 얘긴 그 사람에게다는 비밀이야. 말 하면 큰일 나.)

"그 사람기다가 손꾸락질 헐 사람 암두 읎어."(그 사람에게다가 손가락질할 사람은 아무도 없어.)

"애가 맨날 지 어매기루 가구 지 아배기루단 통 안 가."(애가 늘 제 엄마에게로 가고 제 아빠에게로는 통 안 가.)

"그렁께 내기룬 재산이 베랑 안 온 겨."(그러니까 내게로는 재산이 조금밖에 안 온 거야.)

» 병알치 아슈?

-조사 '할치/할래'와 '까장'

"병알치 아슈?"

'뚜르르'. 운전하는데 전화벨이 울린다. 모르는 전화번호다. 누구세요? 하니 예산 신례원에 사는 사람이란다. 팔순의 어르신인데 아주 신기한 충청말 하나를 내게 알려주고 싶단다. 무슨 말인가요? 물으니 대뜸 그런다. 운전 중인데다가 핸드폰 잡음이 섞여 무슨 말인지 세 번이나 물었다. 그런데 '병알치'가 뭔 소린지 도통 모르겠다. 병알치란 말은 모르겠네요. 하니 설명을 덧붙인다.

"내가 경상도에서 군대 생활을 했넌디, 거기서 술을 사먹을 때 쓰던 말이요. 부대 앞에 가게가 있었어요. 군인덜이 틈이 나면 그 가게에 가곤 했어요. 그때 가게서 술만 먹으면 병값을 빼주고, 술을 병으로 사면 병값을 더 받았어요. 그때 충청도 사람덜이 술병째 살 적에는 꼭 '병알치 주슈'라고 했어요. 그러면 경상도 군인들이 그 말을 통 뭇 알어 듣고 이상헌 말을 쓴다고 놀리구 그랬어요. 이 '병알치'라넌 충청도 말이 생각나서 알려줄라고 전화를 헌 거요."

잡음과 말이 두서없이 뒤섞여 알아듣지 못했다. '제가 잘 알아보겠습니다.' 하고 전화를 끊었다. 운전을 하며 '병알치, 병알치…, 병알치 달라고?' 하다 보니 퍼뜩 떠오르는 게 있다. 아하! 그랬다. 지금이야 누구나 술을 병째 사다 먹지만 예전에는 잔술을 팔았다. 그러니까 술 한 잔 먹고 갈게 아니니, 병까지 통째로 달라는 소리였다. 내가 '병할치'를 '병알치'로 잘못 들은 것이다.

"너할래 떠나믄 늬 엄니 외로워서 워칙헌다냐?"(너까지 떠나면 네 어머니 외로워서 어떡한다니?)

"그륵이다가니 방콩 점 골러 담으랬더니 쭉찡이할치 담으믄 오티기냐?"(그릇에다가 검은콩 좀 골라 담으라 했더니 쭉정이까지 담으면 어떡하니?)

"다리 아퍼 죽겄구먼 오디까장 가넌규?"(다리가 아파 죽겠는데 어디까지 가는 거에요?)

'할치'는 '까지'의 충청, 전라말이다. 충청도에서는 '할치'라는 말과 '할래'라는 말이 같이 쓰였다. 지금도 나이 드신 어르신들한테서는 흔히 들을 수 있는 말이 '할래'다. 더러는 '할라'라고도 쓴다. '할치'는 쓰는 분은 보통 많지 않은데, 내 시골집에 가서 '중수 할머니, 상미

할머니'을 찾으면 '할래, 할치'를 쉽게 들을 수 있다. 처가 동네에 가면 '병덕이 할머니, 병덕이 큰할머니'에게서도 원하는 만큼 들을 수 있다.

'할치, 할래'는 같은 뜻으로 쓰였다. 일부 방언사전에는 이를 '까지'의 사투리라고 설명한다. 그러나 자세히 살펴보면 표준말 '까지'와는 다르다. 표준말 '까지'는 대체로 '시간이나 장소의 범위, 무엇에 무엇이 더해짐, 극단적인 경우를 강조하는 말'의 세 가지 뜻으로 쓰인다. 이에 반해 충청말 '할치, 할래'는 '무엇을 한 가지로 포함하는 것'을 뜻하는 말이다. 당연히 '까지'와 '할치, 할래'는 같은 말(동의어)이 아니고 비슷한 말(유의어)일 뿐이다.

좀 더 어원을 분석해보면 '할래, 할치'는 표준어 '함께'에 대응하는 충청말이다. '할래, 할치'는 '한'에서 나온 말이다. '한'은 '하나(一)'다. '함께'의 옛말은 '흔께'였는데, 그 어원이나 의미가 충청말 '할래, 할치'와 같다. 다만 표준어 '함께'는 부사적 용법으로 쓰이고, 충청말 '할래, 할치'는 독립적 지위를 잃고 체언에 붙어 조사로만 쓰이는 차이가 있는 것이다.

'까지'의 충청말은 '까장'이다. '까장'은 '끝이나 변두리'를 뜻하는 'ᄀᆞᆺ'에 '-앙'이라는 말(접사)이 붙은 것이다. 'ᄀᆞ상/ᄀᆞ장→까장'의 변화 과정을 거쳤을 것이다. 말 그대로 '끝이나 가생이(변두리)에 이르는 범위'를 뜻하는 말이다. 이 '까장'의 표준말이 '까지(ᄀᆞᆺ+이→ᄀᆞ지>ᄭᆞ지>

까지)'니까 '할치, 할래'와는 같을 수가 없다.

» 우리집 냥반은 뚝새여

- 충청도의 '새' 이야기

우리 충청도엔 특별한 새들이 산다. 콩새, 밥새, 상새, 두렁새, 꼭두새, 덜렁새 따위가 그런 새다. 그 가운데 '뚝새'와 '껄떡새'를 통해 이 새들이 어떤 새인지 살펴본다.

"아부지가 안 오셨넌디 저범 들구 지범거리믄 껄떡새 되넝 겨."(아버지가 안 오셨는데 먼저 젓가락 들고 음식을 건드리면 껄떡새가 되는 거야.)

"쟈가 즘신을 굶었나 갑자기 껄떡새가 됬네."(재가 점심을 굶었나 갑자기 껄떡새가 되었네.)

"쟈는 뚝:새여. 누가 말을 걸어두 대답두 안혀."(쟤는 뚝새야. 누가 말을 걸어도 대답도 안 해.)

"우리집 냥반은 뚝:새라 지가 속 터져 죽유."(우리 남편은 뚝새라 제가 답답해 죽겠어요.)

뚝새와 껄떡새! 아하, 날아다니는 새가 아니라 사람이다. 나이가 지긋하신 분들은 당신들이 많이 써온 말이니 금방 알겠다. 학교교육을 받으며 표준어를 써온 젊은이들은 처음 듣는 말이라 생소하겠다.

위 문장을 보면 '뚝새'와 '껄떡새'가 무슨 말인지 대략 짐작할 수 있겠다. '-새'는 '어떤 성질을 가진 사람을 낮잡거나 놀려 이르는 말'이란 것을. 그리고 눈치 빠른 분은 앞말과 이어 생각하고 '껄떡새'는 음식 앞에서 껄떡거리는 사람을 놀려 이르는 말, '뚝새'는 지나치게 무뚝뚝한 사람을 낮잡아 이르는 말이겠구나, 그리 알아챌 수 있다.

충청말 '-새'는 표준어 '-쇠'에 대응하는 말이다. 저 두 말을 표준어로 바꾸면 '뚝쇠, 껄떡쇠'의 형태가 된다. 여기서 잠깐, '뚝쇠, 껄떡쇠'는 표준어에 없는 충청말이다.

아래에 접사 '-새'가 들어간 대표적인 충청말 몇 개 적어둔다. 어르신들은 지난날을 추억하며 다시 써 보시고, 젊은 분들은 재미있게 살펴보자. 그리하면 표준어에 없는 우리 충청말들은 표준어가 되어 당당히 국어사전에 오를 것이다.

· 뚝 새(표준어 없음) : 무뚝뚝한 사람. 지나치게 말이 없어 정을 나누기 어려운 사람.

· 껄떡새(껄떡쇠) : 껄떡거리는 사람. 먹을 것을 심하게 탐하는 사람.

· 구두새(구두쇠) : 재물 쓰기에 굳은 사람. 인색한 사람.

· 덜렁새(덜렁쇠) : 덜렁거리는 사람. 언행이 침착하지 못한 사람.

· 마당새(마당쇠) : 마당에서 일만하는 사람, 머슴이나 하인.

· 상 새(상쇠) : 꽹과리를 치며 앞에서 농악을 엮어가는 사람. 비슷한 말 - 웃새, 뜬새.

· 밥 새(표준어 없음) : 밥만 축내는 사람. 비슷한 말 - 밥통. 바보(밥오). 밥텡이.

· 콩 새(표준어 없음) : 콩 바심하는 날 태어난 사람.

· 꼽 새(곱사등이) : 등이 꼬부라진 사람, 척추 장애인.

» 하나, 둘 스이, 느이

말은 세상 따라 변한다. 세상이 변하는 것은 그때그때 알아채기는 어렵지만, 어른이 되어 어렸을 적을 돌아보거나 노인이 되어 젊은 날을 돌아보면 무섭도록 빠르게 변해간다는 것을 알 수 있다. 이렇게 세상이 빨리 변하니 말도 따라 무섭게 변한다. 다만 우리는 그렇게 빨리 변해간다는 것을 알아차리지 못할 뿐이다.

아래는 충청도 사람들이 날마다 쓰는 숫자 말들을 늘어놓은 것이다. 충청 사람들이 50년 전에 쓰던 말들이다. 1970년대, 그러니까 50년 동안 얼마나 많이 말이 변했는지 실감해 보자.

① 양수사(하나~열): 하나. 둘. 스이(싯). 느이(닛). 다섯. 여섯. 일곱. 여덜. 아홉. 열.

② 서수사(첫째~열 번째): 첫채. 둘채. 싯채. 닛채. 다섯채. 여섯채. 일곱채. 여덜채. 아홉채. 열채.

③ 날짜(과거 3일): 어제. 그저끼(그지). 그끄저끼(그끄지). 어끄저끼/엊그저끼/억그지(2~3일 전).

④ 날짜(미래 4일): 니얼(니알. 냘:. 녈:). 모리(녈:모리. 냘:모리). 글피. 그글피.

⑤ 날짜(1~30일): 하루(하룻날. 초하루. 초하룻날). 이틀(이튿날. 초이틀. 초이튿날). 사흘(사흗날. 초사흘. 초사흗날). 나흘(나흗날). 닷새(닷샛날). 엿새(엿샛날). 이레(이렛날). 여드레(여드렛날). 아레(아렛날. 아흐렛날). 열흘(열흘날). 열하루(엘하루. 엘하룻날). 열이틀(엘이틀. 엘이튿날). 열사흘(엘사흘. 엘사흗날). 열나흘(엘나흘. 엘나흗날). 보롬(보롬날). 열엿새(예렛새. 예렛샛날). 열이레(엘니레. 엘니렛날). 열여드레(엘예드레. 엘예드렛날). 열아레(엘아레, 엘아렛날). 스무날. 스무하루(스무하룻날). 스무이틀(스무이튿날). 스무사흘(스무사흗날). 스무나흘(스무나흗날). 스무닷새(스무닷샛날). 스무엿새(스무엿샛날). 스무이레(스무이렛날). 스무여드레(스무예드레. 스무예드렛날). 스무아레(스무아렛날). 그뭄(그뭄날).

⑥ 날짜(1~10년): 한해, 두해, 시해, 늬해, 다섯해, 여섯해, 일곱해, 여덜해, 아홉해. 열해.

⑦ 날짜(지난해): 작년. 그러끼(재작년. 작년그러끼). 그끄러끼(3년전)

⑧ 날짜(오는해) : 내년(멩년). 후년/내후년(2년뒤).

» 됩대 큰 소릴 치너먼

-'도리어'의 충청말.

표준어 '도리어'의 충청말에는 크게 '됩:대'와 '되:려'가 있다. 이는 '예상했던 것과는 반대로'의 뜻을 지닌 충청말이다.

한 지역의 방언은 표준어와 달리 비슷한 말이 섞여 함께 쓰인다. 그래서 어느 하나를 딱 꼬집어 '이것이 한 지역의 표준 방언이다.'라고 말하기 어려운 측면을 지녔다. 당연히 '도리어'에 해당하는 충청말도 아주 많다. 충청도에서는 '댑대, 됩대, 뎁대, 되레, 되려, 돼려' 따위가 뒤섞여 쓰인다. 그 가운데 대표할 만한 충청말은 '됩대'와 '되려'라 생각한다.

① 댑:대 : 지 책음을 댑대 나헌티 떼밀믄 오쩌라넌 겨?(저의 책임을 도리어 나에게 떠밀면 어쩌라는 거야?)

② 됩:대 : 쬥일 놀기만 헌 늠이 됩대 큰소릴 치너먼.(종일 놀기만 한 놈이 도리어 큰소릴 치너먼.)

③ 되:레 : 좋은 일 헌다구 헌 건디 시키두 않언 짓 혔다구 되레 혼만 났다닝께.(좋은 일 한다고 한 건데 시키지도 않은 짓을 했다고 도리어 꾸

중만 들었다니까.)

④ 되:려 : 지가 잘못허구 되려 나헌티 머라 허네.(자기가 잘못하고 도리어 나한테 뭐라 하네.)

'됩대, 댑대'는 충남과 전라도에서 많이 쓰는 말이다. '되레, 되려'는 전국적으로 흔히 쓰이는 말이라고 한다. 충청도에서는 '됩대(댑대)'와 '되려'가 함께 쓰이고 있는데, 예전에 많이 쓰던 '됩대, 댑대'는 점차 사라지고 있다. 그 까닭은 대중매체의 발달과 교육의 영향이다. '됩대'와 '댑대'는 표준어가 아닌 까닭에 배울 기회가 없고, 표준어와 차이가 크기 때문에 의사소통에 불리하다. 이에 충청 사람들이 쓰기를 피한다.

'되려, 되레'는 '도로혀, 도ᄅᆞ혀'에서 나온 말이다. 변화 모습을 살피면 '돌다(반대 방향으로 움직이다)+ᅘᅧ다(끌어당기다)→도ᄅᆞᅘᅧ/도로혀〉도리혀〉도리어〉되려/되레'가 된다. 그러니까 '되려, 되레'는 충청말이라기보다 오랜 옛날부터 전국에서 두루 쓰여 온 말이다. 이와 달리 '되려, 되레'는 단순히 표준어가 줄어든 형태로도 볼 수 있다. 실제로 서울, 경기 지방에서는 '도리어'를 '되레'라 줄여 쓰는데, 이 때문에 '되레'는 표준말이 되었다.

이렇게 '되려, 되레'는 표준어와 닮아 있어 지금도 적잖이 쓰이는 반면 '됩대, 댑대'는 빠르게 사라져가고 있다. 그렇다 해서 충청말의 옛 모습을 보여주는 '됩대, 댑대'가 모두 사라진 것은 아니다. 도시가 아닌 시골 지역 곳곳에서는 아직도 어르신들과 함께 살아 숨 쉬고 있다.

» 혹시 메텡이라구 알유?

얼마 전 예산소식지편집위원회 위원 한 분이 내게 물었다.

"이전에 말야. 가을이면 메텡이루다 상수리나무를 쾅쾅 쳤잖아? 많이 쓰던 말인데 왜 메텡이란 말이 사전이나 인터넷을 검색해도 안 나오지?"

'메텡이'는 '메'의 충청말이다. 방아를 찧고 떡이나 짚 따위를 찧거나 말뚝을 박을 때 쓰는 도구다. 팔뚝만한 길이의 굵은 통나무나 돌, 쇠 따위에 손잡이를 박은 무지무지 무거운 도구다. 그런데 나는 어릴 적 '메텡이'란 말을 쓴 기억이 없다. 우리 동네에서는 '메텡이'보다는 '메겡이'라고 썼다. 그래서 나는 지금도 '메겡이'라 쓰고 있다.

그러다가 몇 년 전 어떤 책에서 나는 '메텡이'란 말을 만났다. 그것을 보면서 '충청도에서는 메텡이란 말도 썼구나.' 생각했다. 나는 '메텡이'를 메모해 두고 이 말을 쓰는 분들이 지금도 있을까 궁금했다. 지난해 서산문화원에서는 '정겨운 서산사투리'라는 방언사전을 출간했다. 나는 서산문화원에서 책을 구했다. 거기에도 '메텡이'가 나온다. 서산지역에서는 '메'를 '메텡이'라 썼다고 기록되어 있다. 그것을 보고 어르신들을 찾아가 여쭈었다.

"혹시 메텡이라구 알유? 옛날 보리방아 찔 때 쓰던 무건 물건유."
"이, 이전인 그걸 메겡이라구덜 힜넌디, 메텡이라구두 힜어."

나는 이 '메텡이'를 좀 더 조사하고 '충청남도예산말사전 제5권'에 싣기로 했다. 그런 차에 다시 '메텡이'를 만난 것이다. 나는 전에도 '메텡이'를 찾아 국어사전과 인터넷을 헤맨 기억이 있다. 그때는 '메텡이'를 찾지 못했는데 다시 들으니 궁금했다. 그래서 충청도 사람들이 운영하는 블로그와 카페를 뒤졌다.

"그 친구 닉네임이 메텡이잖어. 나는 메텡이란 말을 처음 들어 봤는디 … 다들 아는가베 … 난 물렀어~'
'메텡이란 나무 해머 … 모르는 거 아니면서도 아무도 답이 없길래 ….'

충청도 어느 시골 초등학교 동창 카페에 '메텡이'가 있었다. 위 대화는 그 카페 회원 두 사람이 올린 글이다. 이를 보면 아마도 예전에는 '메겡이'와 함께 '메텡이'를 많이 쓴 모양이다.

지역말은 지역 사람들의 문화적 토양이다. 그 속에는 수많은 이들의 삶과 문화가 자리하고 있다. 이러한 지역 언어를 함부로 하는 것은 지역의 정체성을 저버리는 일이며 언어문화의 토양을 지우는 일이다. 그러나 돌아보면 지역말은 늘 방언이니 사투리라는 이름으로 천한 대접을 받았다. 이리 치이고 저리 치이다 하나둘 쓰러지고, 그러는 동안 사람들의 기억에서도 지워져 갔다.

'-텡이'는 서울말 '-퉁이'에 대응하는 말이다. 사물을 이르는 말 뒤에 붙어 '앞말과 같은 것'이란 뜻을 더해주는 말이다. 서울 지역에서 쓰는 '-퉁이'는 극히 일부 말에만 붙는데, 충청도 말 '-텡이'는 앞말에 쉽게 붙여 쓸 수 있다.

» '되게'가 사투리?

① 되게 힘드네.

② 무척 힘드네.

얼마 전 아이들과 '표준말과 지방말(방언)'에 말에 대하여 얘기를 나눴다. 그때 누군가의 입에서 '되게'란 말이 나왔다. 나는 아이들에게 '되게'는 표준어라 일러 주었다. 그러자 초등학교 3학년에 다니는 남자 아이가 대뜸 따졌다.

"'되게'가 어떻게 표준어가 돼요? 그거 사투리 아니에요?"

예전 서울 사람들은 '되게'란 말을 쓰지 않았다. 충청도나 전라도나 경상도 사람들은 저 말을 쓰지만, 지금도 신문 기사나 뉴스 진행자의 입에서 '되게'란 말을 보거나 듣기는 어렵다. 한 마디로 '되게'는 서울말이 아닌 지방말이다. 그렇다면 '되게'는 어떻게 표준어가 되었을까?

표준말이란 '현대의 서울말을 기준으로 나라 안에서 함께 쓰기로 정한 말'이다. 이때 '현대의 서울말'을 잘못 해석하여 '서울말은 표준말이고 지방말은 사투리'라 이해하는 사람들이 종종 있었다. 이젠 너무도 잘 알겠지만 표준어 사정은 '같은 말이 서울과 다른 지방에서 서로 다르게 쓰일 때, 다른 지방의 말은 사투리로 하고 서울의 말을 표준어로 삼는다.'는 것이다. 그러니까 서울에서 쓰이지 않는 지방 말은 모두 표준어의 자격을 갖게 된다.

'안녕하세요?'를 충청도에서는 '안닝허슈?'라고 한다. 이것은 하나의 말이 지역에 따라 달라진 것이다. 이때는 서울말 '안녕하세요?'가 표준어가 되고, '안닝허슈?'는 충청도 사투리가 되는 것이다. 그러지만 '되게'에 대응하는 서울말은 없다. 당연히 '되게'는 표준말이 되었다.

'되게'의 으뜸꼴은 '되다'다. '일이 힘에 벅차거나, 물기가 적어 빽빽함'을 뜻하는 말이다. 앞 ①②문장에 나오는 '되게, 무척'은 아주 비슷한 뜻을 가진 말이다. 의미상 차이가 드러나지 않는다. 그렇지만 '되게, 무척'이 같은 말은 아니다. 위 문장에 한해서 같을 뿐이다. 그리고 충청도 사람들은 '무척 힘드네.'라고 말하지 않는다. '무척'이란 말은 충청도 사람들이 알아도 쓰지 않는다. 만약 누군가 '무척 힘들다.'라고 했다면 충청도 사람들은 순간 그 말에 이질감을 느낀다. 그저 '되게 힘들어.'라고 해야 공감이 된다.

우리말은 우리가 지켜야 한다. 외국인을 만나더라도 소통에 문제가 없다면 한국인은 한국말을 쓰는 것이 기본이다. 충청도 사람은 충청도 말을 쓰는 것이 기본이다. 예전 대학에 다닐 때의 한 선생님 말씀을 나는 기억한다. 그 선생님은 경상도 분이었다. 꽤 이름 있는 국어학자셨는데 끝내 경상도 말로 수업을 하셨다. 언젠가 학생 하나가 물었다.

"교수님께선 국어 강의를 하시면서 왜 표준말을 쓰지 않으세요?"

선생님은 짧게 대답했다.

"내는 겡상도 사람이니까."

3. 밥때두 물르넌 시절때기

» 저 사람은 순 거덜이여

- 충청말의 멋, 거덜

'거덜'은 '겉+-얼'의 짜임새를 갖는다. '겉모양만 멀쩡한 것'을 지칭하는 말이다. 국어사전을 찾아보면 '살림살이가 결딴이 나는 것'이나 '낡고 헤져 쓸모가 없어진 물건'이다. 표준어에서 이 말은 주로 '거덜을 내다, 거덜이 나다'의 꼴로 쓰인다.

'저 녀석이 새 운동화를 사흘도 못 신고 거덜을 내놨구나.'

'평생 모은 재산이 노름으로 거덜이 났다는군.'

표준어의 쓰임은 대체로 위와 같다. 위 예문의 경우로 한정하면 표준말과 충청말의 차이는 없다. 그러나 충청도에서 '거덜'은 비유어로 다양하게 활용된다. 충청말은 비유어가 크게 발달되어 있고, 이는 직설 화법에 비해 격식이 높다. 자신의 감정이나 생각을 다른 사물에 빗대어 표출하기 때문이다. 이런 까닭에 충청도 사람들은

"여자들 많은 곳에 오니 기분 좋지?"

할 자리에,

"꽃밭이 들어오니 정신줄 놓구 싶지?"
하는 식으로 말한다.

이 말을 듣는 여자는 예쁜 꽃이 되어 좋고, 남자는 꽃향기에 취하니 좋다. 이런 비유는 좋은 기분을 상기시켜 긍정의 분위기를 오래 지속시킨다. 반대로 충청도 사람들은

"저놈은 아무 짝에도 쓸모없는 놈이야."
할 자리에

"저 사람은 참 거덜이여.'
하는 식으로 말한다. 이런 비유는 상대에게 부정적 충격을 완화시킨다. 상대를 긴장시키지 않고 여유로움을 함께 전달하는 묘미가 있다.

'쓸모없는 것'을 나타내는 표준어 '거덜'이 충청도에 오면 '여럿의 일에 도움이 되지 못하는 사람'을 가리키는 말로 변신한다. '거덜 나다, 거덜 내다' 못지않게 비유어로 쓰이는 것이다.

"저렇게 일 못하는 사람은 다신 데려오지 마."
이런 직설적 표현이 충청도에 오면

"일만 치넌 거덜을 뭐더러 데꾸 댕기너라 고상헌댜?"(일에 도움이 안 되는 사람을 무엇하려고 데리고 다니느라 고생한대?)
가 된다.

"넌 우리 팀에 들어오지 마."

는

"넌 거덜이닝께 저짝편이나 가서 알어봐."

가 된다.

사실 '거덜'은 상대를 얕보고 깔아뭉개는 비유어다. 그럼에도 불구하고 우리가 '거덜'에서 여유와 재미를 느끼는 것은 그 표현이 우회적이기 때문이다. 이런 비유를 이해하지 못하는 사람들은 답답하다 말하지만, 역설적으로 이는 충청도 사람이 양반이라는 반증이 된다. 입으로는 '멍청도'라 말하는 이들도 충청의 말에 배인 품격 앞에서는 충청도 사람을 미워하지 못하게 되는 것이다.

상대에 대한 배려와 구수한 멋을 담아내는 비유, 그것이 충청말의 멋이며 충청인의 정체다.

» 밥때두 물르넌 시절때기

- 표준어에는 없는 '시절'

'지나는 계절이나 하루의 때를 잘 모르는 사람'을 가리켜 충청도에서는 '시절'이라 한다. 본래는 '시절을 모르는 사람'인데, 말이 줄어서 그냥 '시절'이 되었다.

이처럼 어떤 말이 비유적인 뜻으로 쓰이면서 본래의 말뜻과는 다르게 굳어진 말을 관용어라 한다. '시절'이 그렇다. 어느 '계절이나 시기'라는 본뜻과 달리 '때를 분간하지 못하는 사람'으로 굳어진 것이다.

'시절'과 비슷한 형태의 관용어에 '바가지'란 말이 있다. '마누라 바가질 난 오쩌질 뭇허겄어.'라고 한다면, 이것은 '아내가 쓰는 바가지를 나는 어떻게 써야 하는지 모른다.'라는 뜻이 아니고, '아내의 잔소리를 나는 막을 방도가 없다.'란 뜻이 된다.

'바가지'는 늙은 박을 삶아 반으로 갈라 만든 그릇인데, 이 바가지를 긁으면 무지 시끄럽다. 따라서 '바가지를 긁는다.'는 '시끄럽게 굴다.'라는 뜻으로 쓰이다가, '듣기 싫은 누군가의 잔소리'를 뜻하는 말로 굳어졌다. 이 말이 줄어들어 그냥 '바가지'가 된 것이다. 이처럼 '생각이 모자란 사람'을 빗대어 쓰던 '시절을 모르는 사람'도 줄어들어 그냥 '시절'이 된 것이다.

"이 눔이 시절차람 밥때두 놓치구 오딜 쏘댕긴댜?"

"똘망헌 동무덜 옆이 두구 왜 저런 시절덜허구 노능 겨?"

예전 어르신들은 말과 행동이 똘똘치 못한 사람을 놀림조로 '시절'이라 불렀다. 그런 사람을 더 낮추고 얕잡아 말할 때는 '시절때기, 시절텡이'라 했다.

"저집 메누린 지 친증아배 지사두 물르넌 시절때기랴."

"저런 시절텡이를 이쁜 메누리라고 강구넌 시할매두 도찐 개찐이여."

지금도 충청도의 어르신들 사이에서는 '시절'이란 말이 종종 쓰이고 있다. 충청말은 우회적이고 비유적인 표현이 많아서 다른 지역말에 비해 부드럽고 고급스런 면이 두드러진다. 상대를 비하할 때에도 '바보, 멍청이, 얼간이' 따위의 직접적 언어를 구사하지 않고, 비유어인 '시절'을 선택함으로써 상대의 감정을 덜 상하게 했다.

» 거벡이 털 뽑넌 소리

- 이치에 맞지 않는 말

"이 퉁세 빠진 사람이 오덜 와서 거벡이 털 뽑넌 소릴 히싼댜?"

예전에 누군가에게 들었던 말인데 메모장에 써놓고 잊었다. 방언사전에 실을 낱말을 정리하는데 이 말이 번쩍 눈에 띈다. 밑줄 친 말을 살펴보자. 위 문장에는 예전에는 많이 썼지만 요즘엔 잘 안 쓰는 말이 둘 있다. '퉁세'와 '거벡이'가 그것이다.

'퉁세'는 '똥독'이다. 예전에는 모두 재래식 화장실을 썼다. 집밖에 조그맣게 뒷간을 따로 만들고, 그 뒷간에 들어서면 땅속 깊이 대소변을 받는 항아리가 묻혀 있었다. 그 위에는 나무판자가 올라가 있고, 그 나무판자에 앉아 일을 보곤 했다. 어릴 적 아래를 내려다보면 그 독은 참 깊었다. 까마득한 똥독이 금세라도 다리를 빨아들일 것만 같았다.

뒷간에 변이 가득차면 아버지는 똥장군을 지고 밭으로 향했다. 그때 뒷간 한 가운데 대변이 쌓이는 항아리가 똥독이다. 이 똥독을 다른 말로 '퉁수'라 한다. 그러니까 '퉁세'는 '퉁수에'가 줄어든 말이다. '통세 빠진 사람'은 '변을 보다 똥독에 빠진 사람'이다.

'거벡이'는 '거북이'의 충청말이다. 거북이는 몸에 털이 나지 않는 동물이다. 당연히 거북이의 털 뽑는 소리는 존재하지 않는다. 그래서 '거벡이 털 뽑는 소리'는 있을 수 없는 소리며, 이치에 맞지 않는 허튼 소리가 된다.

'이 미친놈아, 헛소리 좀 집어 쳐.'

하는 식으로 직접 면박을 주는 경우가 있긴 하지만, 특별한 경우가 아니라면 충청도 사람들은 돌려 말한다. 그래서 모르는 사람들로부터 '말이 느리네, 뭔 말인지 답답하네' 하는 소리를 들으면서도, 충청도 사람들이 점잖다는 소리를 듣는다.

충청도에는 위 문장과 같이 '이치에 맞지 않는 말'을 나타내는 비유어가 많다. 아래 몇 개 늘어두거니와, 충청도 사람들이라면 흔히 들어보고 많이 써본 말들이다.

'개 풀 뜯어먹넌 소리 말어.'(소가 아닌 개가 풀을 먹어? 이치에 닿지 않는 말은 하지 마.)

'구신 씻나락 까넌 소리.'(귀신은 낟알을 쪼아 먹지 않는다. 이치에 맞지 않는 소리.)

'구신 짚세기 끄넌 소리.'(귀신은 짚신을 신지 않는다. 이치에 맞지 않는, 황당한 소리.)

'새 빠진 소리.'(삼베를 짤 때 중간에 새(실)가 떨어져 나간 소리, 앞뒤가 맞지 않는 말.)

'세 빠진 소리.'(혀가 빠졌는데 말을 할 수 있나? 쓸데없는 소리, 앞뒤가 안 맞는 소리.)

'참새 씻나락 까넌 소리.'(참새가 짹짹거리며 낟알을 쪼는 소리, 시끄럽기만 한 소리.)

'퉁세 빠진 소리 그만혀.'(똥독에 빠진 사람이 하는 소리, 이치에 맞지 않는 소리 그만해.)

» 하수구에 곤두벌레

- '장구벌레'의 충청말

"하수구에 곤두벌레덜이 새까맣게 후염치구 있구먼."

'곤두벌레'는 모기의 애벌레다. 요즘은 충청도에서도 다들 '장구벌레'라 하니 쓸 일도 없고 들을 일도 없게 되었다. 그런데 이 '곤두벌레'가 국어사전에 있었다. 분명 충청도 방언이라고 표시되어 있을 거야, 라고 생각하며 들여다보니 그게 아니다. '곤두벌레-장구벌레의 북한말', 이렇게 나왔다. 참 기분이 그랬다.

표준어 '장구벌레'는 장구처럼 생긴 벌레란 뜻이다. 모기의 애벌레는 머리가 크고 몸통은 가늘고 꼬리는 갈라져 있다. 그 모습이 서울 사람들에겐 장구처럼 보였나 보다.

이에 비해 충청말 '곤두벌레'는 '곤두하는 벌레'라는 뜻이다. '곤두'는 '곤두박질'의 '곤두'와 같은 말이다. '곤두박질'은 머리를 땅에 박고 나뒹구는 것을 뜻하는 말이다. 이때 '곤두'는 '땅을 머리에 박고 몸을 거꾸로 세우는 짓'을 나타내는 말이다. '물구나무서기'를 우리 충청도에서는 '꼰두서기'라 한다.

웅덩이에 고인 물속에서 자라는 모기의 애벌에는 머리를 아래로 두고 곤두를 서는 것처럼 몸을 꼬부렸다 폈다 하면서 헤엄을 친다. 그 모습을 본떠 만든 말이 '곤두벌레'다. 말 그대로 '웅덩이 속에서 곤두박질하듯 헤엄치는 벌레'가 된다.

그 동안 나는 '곤두벌레'란 방언이 충청도와 전라도에서 주로 쓴 말인 줄 알았다. 그런데 알고 보니 북한 전역에서 써온 말이었다. 어찌 보면 장구벌레보다 곤두벌레가 전국적으로 더 많이 쓰였던 말인 듯싶다. 통일이 되고 남북이 하나 되어 국어사전을 만든다면, 이 '곤두벌레'는 북한이나 충청-전라 방언이 아니라 당당히 표준어로 등록될 것도 같다.

» 뭘 훔쳐 먹었걸래

-'딸꾹질'의 충청말

"뭘 몰래 훔쳐먹었걸래 그렇기 껄떠기를 허구 자빠졌냐?"(무엇을 훔쳐 먹었길래 그렇게 딸꾹질을 하고 자빠졌니?)

"껄떼기가 나와싸 심들어 죽겄넌디 왜 놀리구 그런대유?"(딸꾹질이 계속 나와서 힘들어 죽겠는데 왜 놀리고 그런대요?)

"꺽꺽 허구 자꾸 피겨가 나올 적인 말여. 콧쭝백이다가니 침을 발러봐. 그럼 피기가 끈칠 겨."(꺽꺽 하면서 자꾸 딸꾹질이 나올 땐 말이야. 콧등에다가 침을 발라봐. 그러면 딸꾹질이 멈출거야.)

말이 처음 만들어진 원리는 대체로 사물의 성질이나 소리, 모양 따위를 본뜨는 것이다. 똥그랗게 생긴 것은 똥고래미(동그라미), 모서리 네 개가 이어지면 네모, 미끌미끌한 것은 미꾸리(미꾸라지), 등이 꼬부라진 사람은 꼽새(꼽추), 코를 찔찔 흘리는 아이는 코찔찔이, 코가 삐뚤어진 사람은 코삐뚤이, 오리처럼 쳐진 궁뎅이는 오리궁뎅이, 말같이 생긴 얼굴은 말상, 풀 같은 색깔이면 푸른색, 해처럼 환한 색이면 흰색(해색), 밝은 색깔은 붉은색(밝은색)이 되었다. 이들은 모두 사물의 성질이나 모양을 본떠 만든 말이다.

맴맴 울면 매미, 개굴개굴 울면 개구리, 깍깍 우는 것은 까치와 까그매(까마귀). 이런 것들은 소리를 본떠 만든 말이다. 이 글의 제목인 '껄떼기, 피겨, 딸꾹질'도 조금만 살펴보면 소리를 본떠 만든 말임을 알 수 있다.

그런데, 사물의 소리는 주관적이다. 듣는 사람이나 상황에 따라 조금씩 달라진다. 마음이 즐거울 땐 새가 노래를 하고, 마음이 울적하고 슬플 때는 새가 운다. 우리나라 개들은 멍멍, 컹컹 짖는데 미국 개들은 와우와우, 바우바우 짖는다. 우리나라 고양이들이 야옹야옹 아양을 떨 때, 독일의 고양이들은 미야우미야우 호들갑을 떤다. 이렇게 상황이나 사람에 따라 소리가 달라서, 말도 어느 사회나 지역에 따라 달라졌다.

가슴과 배 사이에 있는 가로막이 경련을 일으켜 숨을 들이쉴 때마다 '껄떡, 딸꾹, 픽, 꾹' 따위의 소리를 내는 증세를 충청도에선 흔히 '껄떼기(껄떠기)'나 '피겨(피기)'라고 한다. 그런데 서울말은 '딸꾹질'이다. 충청도 사람들은 '껄떡껄떡'하니 '껄떠기(껄떼기)'가 되었고, 더러는 '픽픽' 해서 '피겨(피기)'가 되었다. 서울 사람들은 목구멍 구조가 충청도 사람들하곤 달라서 '딸꾹딸꾹 딸꾹질'이 된 모양이다.

똑같이 소리를 흉내 낸 말인데 무엇은 표준말이 되고, 무엇은 사투리가 되었다. 불공평한 일이니 충청도 사람들은 불만이다. 나는 꼭 이것을 확인해 보고 싶다. 우리나라 사람들이 서울 사람들처럼 '딸꾹'을 많이 하는지, 충청도 사람들처럼 '껄떡, 픽'을 많이 하는지 말이다.

» 꼼방울 줏으러 많이 댕겼어

- '솔방울'의 충청말

"쨰끄만 솔낭구이 꼼방울덜이 무쟈게 엥겨붙었구먼."

"우덜 핵겨 댕길 적인 꼼방울 줏으러 많이 댕겼어. 공부허다 말구 핵겨 뒷산일 올러댕겼다니께. 뭣허긴 뭣혀? 줏어다 땔라구 그랬지."

산에 나무가 귀하던 시절이 있었다. 나무를 때서 밥을 짓고 방을 덥히던 때가 있었다. 연탄이나 석유가 없던 그 시절엔 나무하는 일이 농사짓는 일만큼 중요했다. 인구는 크게 늘고 온 백성이 나무를 베어내니 나무들은 자랄 틈이 없었다. 그래서 산은 온통 벌거벗은 민둥산이었다.

그런 시절, 솔나무만은 곳곳에 살아남았다. 정부가 솔나무 베는 것을 강력히 막았기 때문이다. 그래서 나무꾼들은 솔나무는 베지 못하고, 그 가지를 자르거나 삭정이를 쳐다가 땔감으로 썼다. 땔감이 원체 귀하다 보니 솔나무 아래 떨어진 꼼방울까지 자루에 주워 담았다.

한국전쟁 이후 겨울은 너무 추웠다. 가난한 학교에서는 난로에 쓸 연료가 부족했다. 이에 아이들을 동원해 꼼방울을 주웠다. 아이들은 책 대신 비료 포대를 들고 주변 산을 오르내렸다. 장작이 귀한 광밥쟁이(뻥튀기장수)들도 꼼방울을 이용해 뻥튀기 손잡이를 돌리곤 했다.

1970년대 이후 연탄이 보급되고 산림녹화가 이루어지기까지 꼼방울은 아이들의 장난감이었고 동무였다. 산업화가 진행되자 사람들은 도시로 떠나갔다. 나무를 땔 일 없는 세상엔 꼼방울들이 하나 둘 자취를 감추었다. 충청도에서 흔히 쓰던 꼼방울이란 말도 산 속으로 산 속으로 쫓겨났다. 그러면서 솔나무는 소나무가 되고, 그 소나무엔 꼼방울이 아닌 솔방울이 매달렸다.

지금은 5월, 세상이 솔꽃으로 물들고 있다. 눈발처럼 송홧가루 날리고 있다. 우리는 잊고 있지만, 5월이 되면 솔나무들은 가지마다 옛날을 펼쳐 올린다. 송홧가루 흩날리며 그 동그란 꼼방울들, 숲속 어딘가에서 우리의 추억 키워가고 있다.

» 오좀은 담쫙 밋이다 싸믄 못써

- '담장'의 충청말

"담뚝 밑이 봉숭아가 빨갛게 폈네."

"오좀은 뒷간 가서 싸야지 담뚝 밋이다 싸믄 못써."

"담쫙이 무너져서 뒤란 질이 맥혀뻐렸어. 저 담쫙 새로 쌀라믄 심을 점 쓰얀당께.'

'담뚝'은 '담장(-牆)'의 충청말이다. '집둘레에 돌이나 흙으로 쌓아 만든 울타리'를 가리키는 말이다. '담장'에서 '장(牆)'은 '담벼락'이 죽 늘어선 것을 나타내는 한자말이고, '담뚝'은 '흙이나 돌을 쌓아 만든 둑'이란 뜻의 순우리말이다.

충청도에서는 '담장'과 '담뚝'을 함께 써왔다. '담장'은 주로 글줄이나 아는 사람들이 썼고, '담뚝'은 보통 백성들이 썼다. 예전에는 글줄을 아는 이가 흔치 않았으니 대부분의 충청도 사람들은 우리말 '담뚝'만 썼다.

예전에는 가난한 이들도 집밖에 담뚝을 쳤다. 담뚝은 돌을 쌓아 만들었다. 큰 돌을 두 켜로 쌓고 작은 돌을 가운데에 채워 무너지지 않도록 했다. 위로 올라갈수록 작은 돌을 이용해 아래보다 폭을 좁게 만들었다.

아주 귀한 양반댁이나 부잣집에서는 찰흙을 섞어 돌을 쌓고 기와로 지붕을 얹었다. 이렇게 찰흙을 섞어 쌓으면 쉽게 무너지지 않았고, 지붕을 얹으면 비가 들이치지 않았다. 가난한 사람들도 더러 돌담 위에 이엉으로 지붕을 올렸다. 지붕을 해 올리면 담도 안 무너지고 보기에도 참 좋았다. 그래서 사람들은 멀리서도 그 집 사정을 금방 알았다. 담뚝 위에 기와지붕이 보이면 부잣집, 이엉지붕이 보이면 정갈한 주인이 사는 집, 지붕이 없으면 보통집이란 걸.

1970년대 이후엔 시멘트로 찍어낸 담장이 늘었다. 시멘트 담장은 작업이 간편했고 쉬이 무너지지 않았다. 그렇지만 보기에 흉했다. 담뚝같은 정감도 없었다. 지금은 시골에도 양옥이 가득하다. 멋을 찾는 집들은 나무나 창살로 담장을 꾸민다. 그러나 예술성과 멋으로만 따진다면 돌만으로 쌓아올린 옛 담뚝에 미치지 못한다.

'담쭉'은 '담뚝'이 발음하기 쉽게 구개음화된 말이다. '담뚝'과 함께 충청도 사람들이 즐겨쓴 말이다. 예전에는 집집마다 돌담을 세웠다. 그래서 주인이 떠나고 무너진 집 자리엔 돌들이 널리게 되었다. 지금도 산기슭이나 산골마을을 지나다 보면 주인 잃은 돌담들이 동그랗게 무너져 있고, 그 담쭉 안에는 늙은 감나무들이 붉디붉은 그리움을 가슬하늘에 매달고 있다.

» 때껏, 때꺼리

- '새참, 끼닛거리'의 충청말

'때껏'이란 말을 들어본 기억이 내겐 없다. 전국방언사전에는 '곁두리의 충청말', 국립국어원의 지역어 검색에는 '곁두리의 충남 보령, 서천말'이라 기록하고 있다. 이 정도면 예전에는 내 고향에서도 썼을 일이다. 그래서 이 말을 기록해 놓고 몇 년을 귀 기울였지만 쓰는 분들을 만나지 못했다.

예산읍 주교2리 경로당을 찾아갔다. 그곳엔 늘 할머니들이 모여 계신다. 그곳에서는 할머니들의 어릴 적 이야기를 들을 수 있고, 평생 아껴 써오던 충청말을 질리도록 들을 수 있다. 오늘은 아주 오래된 충청말 스무 개를 들고 갔다. 예전에 충청도에서 쓰였다는 말들인데, 이 가운데 몇 개 정도라도 확인할 수 있다면 좋겠다고 생각했다.

"이전인 새참같은 젙두릴 때껏이라구 힜유?"

"그류, 때꺼리라구 많이 허구 때껏이라구두 힜유."

"때꺼리?"

"예, 이전인 즘신이 감자 쪄먹구 고구마 쪄먹구 그릤쥬. 때꺼리가 그런 거니께."

'때껏'은 '끼니가 될 만한 먹을거리. 또는 힘든 일을 하는 일꾼들이 참참이 먹는 음식'을 이르는 말이라고 한다. 할머니들 말씀에 의하면 예산에서는 '때껏'보다는 '때꺼리'를 많이 썼단다. 이 '때껏, 때꺼리'와 비슷한 충청말에는 '땟거리. 끄닛거리. 젙두리. 젙거리. 접밥. 참. 새참' 따위가 있단다.

나는 오늘 충청말을 여럿 만났다. 참고로 예산읍 주교2리 경로당에서 찾아낸 말은 이런 것들이다. 오래 전에 쓰이다가 지금은 아예 없어진 말도 있다. 젊은이들이라면 아주 생소한 것도 있을 것이다.

골망태, 꼴망태(망태기, 구럭)

날개미, 날갑지, 구시래미(물고기의 지느러미)

끄승개(끌개, 삼베를 짤 때 쓰는 도구)

끄틈박지(끄트머리)

용구새(용마름, 초가지붕의 꼭대기에 얹는 이엉)

닝닝허다(음식 맛이 조금 싱겁다)

도뱅이, 고뱅이, 꼬뱅이(삶은 삼 껍질을 이어 감아놓은 타래, 그것을 세는 단위)

치마(짠 삼베를 세는 단위)

매등가리, 옹침매. 옹침마디(매듭)

미깝(낚시밥, 미끼)

전지랑물(썩은 초가지붕에서 떨어지는 검은 낙숫물)

» 건넛말인 뭐더라 갔던 겨?

- '마을'의 충청말

요즘은 사람들이 모여 사는 동네를 '마을'이라고 부르지만 예전 충청도에서는 그렇게 부르지 않았다. 내가 어렸을 적인 1960년대나 70년대만 해도 '마을'이란 말은 도회지 사람들이나 유식한 사람들이 쓰는 서울말이었다. 그때에는 '동네'라고 쓰는 사람들이 많았는데, 사실 '洞內(동내)'는 한자에서 온 것으로 순우리말이 아니다. 그렇다면 '마을'의 충청도 말은 무엇일까? 결론적으로 말하면 마을의 충청말은 '말[마알]'이다.

지금은 '한 지역에 여러 집들이 옹기종기 모여 사는 곳'을 나타내는 말이 '마을, 동네(洞內), 부락(部落)' 정도지만, 예전에는 순우리말이 여럿 있었다. 우리 충청도와 전국에서 두루 쓰인 말로는 '실, 뜸, 달, 말' 따위가 있다. 이 가운데 '말'이 서울말인 '마을'의 충청말이다.

"말 앞이루 큰질이 난다더먼."

"건넛말인 뭐더라 갔던 겨?"

"그 외진 골말서 뭘 히먹구 산댜?"

금방 눈치챘을 것이다. '건넛말'은 '건넛마을'의 충청말이고, '골말'은 '골 마을(골짜기 속에 있는 마을)'을 뜻하는 것이다. '웃말'은 위쪽에 있는 마을이고, '아랫말'은 아래쪽에 있는 마을이다. '실'은 '산과 산 사이에 있는 골짜기'를 뜻하는 말이고, '뜸'은 '여러 집이 모여 사는 작은 마을', '달'은 '산간 높은 곳에 자리한 작은 마을'을 나타내는 순우리말이다.

따라서 충청도에 흔하디 흔한 '양짓말, 음짓말'을 서울말로 하면 '양지마을, 음지마을'이 된다. 이 '양지, 음지'에 '실, 뜸, 달'을 붙이면 다 똑같은 뜻이 된다. 햇살이 잘 드는 마을을 뜻하는 '양짓말'은 '양지뜸, 양실, 양달, 새뜸, 새실, 새터'와 같다. 햇살이 잘 들지 않는 마을을 뜻하는 '음지마을'은 '음지뜸, 음실, 음달'이 된다.

예산군 삽교에 가면 '신리(新里)'라는 마을이 있다. 이 신리는 일제강점기에 만들어진 마을 이름으로 '신(新)'은 '새'를 뜻하는 한자말이다. 이때 '신'은 '해가 떠올라 세상이 환해지는 것, 또는 새로 만들어진 것'을 뜻하는 말이다. 그러니까 '새 신(新)'에 '마을 리(里)'를 붙인 '신리'의 본래말은 '새뜸, 새말, 새실, 새터' 가운데 하나가 된다. 이런 마을 이름은 전국에 널려있는데, 1914년 일제가 행정구역을 제멋대로 바꾸면서 대개 '신리, 신촌(新村)' 따위의 한자 지명으로 바뀌었다.

그러다 보니 '신리'는 삽교에만 있는 것이 아니고 전국에 참 많다.

'마을'의 뜻을 국어사전에서 찾으면, '사람들이 모여 사는 곳'과 '사람들이 이웃에 놀러가는 일'이라고 풀이하고 있다. 이 '마을'의 옛말은 '마스ᇙ[÷마슬]'이었는데 이것이 서울에서는 '마을'이 되었고, 충청도에서는 '말'(마알)과 '마실'로 나눠졌다.

» 웬수놈버덤 끈나팔이 더 밉다

- ‘끄나풀’의 충청말

“동네 사람 괴롭히넌 깡패덜버덤 그눔덜 쫓어댕기매 끈나풀(끄나팔) 노릇 허넌 늬가 더 나쁜 눔이여.”

충청도에는 ‘웬수놈버덤 끈나팔이 더 밉다.’라는 말이 있다. ‘시상이서 질 드럽구 치사헌 게 끈나팔이다.’라는 말도 있다. 본래는 이편 사람인데 상대편에 붙어 이편 사람들을 괴롭히는 이가 ‘끈나팔’이니까.

왜정 때에는 일본 순사보다 조선 순사가 더 지독하게 굴었다고 한다. 일본인들은 뒷전에 있고 조선 순사들이 앞전에서 설쳤다고 한다. 그래서 애국지사나 독립투사들은 일본 형사보다 조선 형사를 더 두려워하고 미워했다고 한다.

한국전쟁 시에는 북에서 내려온 인민군들보다 지역 좌익들이 동네 사람을 많이 해쳤다고 한다. 인민군이 쫓겨난 뒤에는 국군이나 경찰보다는 복흥대니 치안대니 하는 지역 우익들이 주민들을 많이 해쳤다고 한다.

이런 끈나팔은 '앞잽이'를 뜻하기도 한다. '앞잽이'는 힘센 쪽에 붙어 약한 사람들을 괴롭히는 일을 담당하는 사람이다. 권력 있고 돈 있는 사람들은 예로부터 궂은일에 직접 발 담그지 않았다. 나쁜 권세가들이 던져주는 콩고물을 받아먹으며 못된 짓을 일삼는 앞잽이를 빗대어 이르는 말도 '끈나팔'인 것이다.

이 '끈나팔'은 '긶아ᄑᆞᆯ[≒긴아팔]'에서 나온 말이다. '긶'은 지금의 '끈'이고, '아ᄑᆞᆯ'은 '동강난 실 도막'을 뜻하는 말이다. 그러니 '긶아ᄑᆞᆯ'은 '끊어진 실 나부랭이'를 이르는 말이었다. 이 말이 후대로 이어오면서 서울지방에서는 '끄나풀'이 되었고, 우리 충청도에서는 '끄나팔〉끈나팔'이 되었다.

예전부터 충청도 사람들은 '때리는 시어매버덤 역성드는 시누가 더 밉다'고 했다. 근본 문제는 매를 드는 시어매지만, 고자질하는 시누이가 더 얄미운 것은 어쩔 수 없는 감정인가 보다.

» 지왕이 줄 거믄 하나 까뜩

-표준어가 되어야 할 말 '하나'

국어대사전에 나오는 '하나'라는 말을 뜻과 용법에 따라 정리하면, '첫 번째 숫자'를 나타내는 수사, '오직 그것, 또는 사물이 하나로 뭉쳐진 덩어리'를 뜻하는 명사가 된다. 충청도에서도 '하나'라고 하면 보통은 위의 뜻과 용법으로 쓰인다.

그런데 우리 충청도에서는 위의 뜻 외에 '듬뿍'이라는 뜻을 가지고 부사적 용법으로 쓰이는 '하나'라는 말이 있다.

"지왕이 줄 거믄 자루이다 하:나 까뜩 채워줘."

위 문장에서 '하나'는 표준말이 되기도 하고 사투리가 되기도 한다. 표준말에서는 위 문장 속의 '하나'를 '사물이 뭉쳐진 덩어리'로 해석하여 명사로 보고, 우리 충청도에서는 '듬뿍'의 뜻으로 쓰여 부사가 되는 것이다.

사실 위 문장에 쓰인 '하나'는 자루가 가득 차서 한 덩어리를 이루도록 채우라는 뜻이 되므로, 표준말이 된다고 해서 이상할 것은 없다. 그렇지만 우리 충청도 사람의 입장에서 보면 확실히 달라진다. 아래 문장을 보자.

"술을 따르라믄 잔이루 하:나 채워라."
"이 통이다가 세겨를 하:나 받어오래유."
"푸대가 하:나 차서 더 늘 수가 읎어."

위 세 문장에 쓰인 '하나'는 표준어와 달리 '한:'이 장음으로 발음된다. 이것을 표준말로 보고 명사의 부사적 용법으로 설명하면 왠지 어색해진다. '술을 잔과 한 덩어리가 되도록 채워라', 또는 '석유를 통과 한 덩어리가 되도록 받아와라', '부대가 한 덩어리로 차서 더 넣을 수가 없다'라고 설명한다면 아무래도 지나치게 억지스런 해석이 된다. 또한 '하나'가 뒤에 오는 용언 '차다/받아오다'를 직접 꾸며주므로 부사로 보는 것이 타당하다.

이렇게 '하나'를 '듬뿍'의 뜻으로 넓게 활용하여 쓰는 곳은 주로 충청과 전라지역이다. 이처럼 지방에서 널리 쓰이는 단어를 표준말 명사에 우겨넣어 부자연스럽게 하는 것은 억지 춘향이다. 따라서 충청도와 전라도에서 널리 쓰이는 '담뿍'의 뜻을 인정하여 표준말의 지위를 부여하는 것이 바람직하다. 그리하여 우리 국어가 더 다채롭고 더 풍요로운 곳으로 나아가도록 해야 한다.

» 구디기덜이 싸그리 읎어졌유

- '깡그리'의 충청말

'어느 구역에 있는 것을 하나도 남김없이, 전부 다'를 나타내는 충청말은 여럿이다. 그 가운데 흔히 쓰이는 말에는 '모저리, 몽땅, 몽창'이 있고, '삭'과 '싹'이 있다.

"나뭇간을 삭 쳐뻔졌다."
"뭇쓸 것덜은 싹 태워뻐렸다."

위 문장에 나온 '삭, 싹'을 강하게 전하고 싶을 때 충청 사람들은 접사 '-으리'를 붙여썼다. 그러면 아래 문장처럼 '사그리, 싸그리'가 되었다.

"똥두깐이다 담뱃잎 몇 개 던졌더니 구디기덜이 사그리 읎어졌유."

예전의 화장실은 요즘 같지 않았다. 독을 땅에 묻고 그 위에 발판을 얹었다. 그 발판 위에 앉아 뒤를 봤다. 문득 아래를 내려다보면 똥독은 참 깊었다. 자동으로 변이 흘러내려가는 요즘의 수세식과는 근본이 다르다. 요즘 아이들이라면 기겁할 만하다. 앉아도 변이 나오지 않을 지경이다. 그래서 요즘 사람들은 바가지로 똥을 퍼내는 옛날식이다 하여 '푸세식'이라 부르기도 한다.

예전엔 여름날 내내 파리들이 집안을 날아다녔다. 외양간과 퇴비장, 화장실은 구더기가 넘쳐났다. 거기서 나온 파리들은 집안을 채웠다. 동네 집집들이 다 그러하니 어느 한 집에서 파리를 잡는다고 줄어들지도 않았다. 그렇지만 깨끗하길 좋아하는 주인들은 파리를 없애기 위해 애썼다. 농약통을 지고 외양간과 화장실에 살충제를 뿌려대는 어른들이 심심찮게 있었다.

그런데 화장실은 농약을 쳐도 표가 나지 않았다. 칠 때만 구더기들이 사라지고, 며칠 지나면 다시 우글거렸다. 그래서 대개는 똥독을 타고 오르는 구더기를 감상하며 뒤를 보아야 했다. 그때 가장 확실한 구더기 퇴치법이 담뱃잎을 쓰는 것이었다. 충청의 많은 지역에서는 80년대 초 뽕밭을 갈아엎고 그 곳에 담배를 심었다. 담배는 여름에 수확하는데 상품이 되지 못하는 마른 담뱃잎 몇 장을 똥독에 넣으면 구더기가 사라졌다. 담뱃잎은 생각보다 지독하다. 변기 속에 들어간 담뱃잎은 오래도록 독기를 뿜어댔고, 여름내 구더기는 보이지 않았다.

위 문장은 그런 지혜를 나타낸 것이고, 거기 '사그리'가 쓰였다. 표준어에 '삭, 싹'이 있으니, 이를 강조하는 말이면 '사그리, 싸그리'란 표준어가 있어야 한다. 이 말은 충청, 전라, 경상지역에서 일상으로 썼는데, 서울에서는 '깡그리'란 말을 썼단다. 이런 까닭으로 '사그리, 싸그리'는 사투리가 되고, '깡그리'가 표준어가 되었다. 아래 충청도에서 흔히 쓰던 문장을 보면서 잊혀가는 충청말을 되새겨 보자.

"저 미련헌 눔이 풀을 뽑으라니께 꽷모할라 사그리 뽑어뻔졌네."
"저런 사기꾼같은 눔덜은 잡어다가니 싸그리 씨를 말리야 혀."

» 해다가넌 애저녁이

충청도에서는 '애저녁'과 '애시당초'라는 말이 서로 비슷한 빈도로 쓰이고 있다. 두 말 모두 '맨 처음'이란 뜻을 가졌다. 먼저 두 말의 생김새를 보자. 조금 다르다. '애저녁'은 생김새부터 순우리말인 듯하고, '애시당초'는 한자말일 것만 같다. 그런데 이 두 말 가운데 하나는 사투리고 하나는 표준어다. 어느 것이 사투리고 어느 것이 표준어일까?

단도직입 정리하면 '애시당초'는 사투리고 표준어는 '애저녁'이다. '얼라? 그럴 리가 읎넌디? 워째 애시당초가 사투리랴?'라고 의문을 표시할 분이 많을 것 같다. 어찌된 일일까?

먼저 '애저녁'의 '애'는 '처음'을 뜻하는 순우리말이다. 충청도에서는 '아시빨래(초벌빨래), 아시매기(초벌매기), 아시찧기(초벌방아)' 따위처럼 '아시'라는 말이 흔히 쓰이는데 이 말이 줄어 '애'가 된 것이다. 여기에 해가 떨어지는 시간을 나타내는 '저녁'이 붙은 말이다. 말 그대로 풀이하면 '처음 저녁에 이르는 때'가 된다. 아직 해가 떨어지지 않은 '초저녁'을 뜻하는 말이다. 이 말이 변하여 충청도에서는 '이제 처음으로 시작되는 때, 또는 맨 처음'의 뜻으로 확장되었다.

'애시당초'는 '애초'와 '당초'가 붙어서 된 말이다. '애초'는 처음을 뜻하는 '애'에 처음을 뜻하는 한자 '초(初)'가 붙은 말이다. '당초(當初)'는 '막 시작된 처음'이란 뜻을 가진 한자말이이다. 이 두 말이 합쳐지면 의미가 중첩되는 '초(初)'가 생략되어 '애당초'가 된다. 그런데 많은 사람들이 '애당초'의 중간에 처음 '시(始)' 자를 넣어 '애시당초(-始當初)'라고도 쓴 것이다.

학자들이 표준어를 정할 때 '애저녁'은 순우리말로, '애초'는 우리말에 한자말이 붙은 것으로 함께 표준어로 삼았다. 그리고 '애시당초'는 우리 국어에 '애시(-始)'라는 단어가 없기 때문에, '애초'와 '당초'가 합쳐진 '애당초'만을 표준어로 삼았다.

예전 우리 충청도에서는 한자말이 붙은 '애초'나 '당초'보다는 '애저녁'을 많이 썼다. 그런데 요즘은 이 '애저녁'을 쓰는 사람들이 줄어들고 있다. 충청도에서 저녁은 '즈녁'이므로 '애저녁'의 옛 충청말은 '애즈녁'이다. 충청말 '애저녁/애즈녁'은 흔히 조사 '이'가 붙어 '애저녁이/애즈녁이'의 모양으로 쓰였다. 예문을 보면서 우리 충청말을 돌아보자.

"일이 베랑 읎어서니 애저녁이 다 끝났어"(일이 많지 않아 애저녁에/일찍 다 끝났어)

"그 일은 애저녁이 글렀어. 츰버터 될 일이 아녔다닝께.(그 일은 시작 단계부터 잘못 됐어. 처음부터 안 될 일이었다니까.)

"해다가넌 애즈녁이 옷을 빼입구 오딜 간다?"(해가 넘어가는 늦은 시간에 옷을 예쁘게 차려입고 어딜 가는가?)

"이늠아. 애즈녁이 틀어진 일이다가니 왜 들구 매댕기뛰구 있능겨?"(이놈아, 시작부터 잘못 된 일에다가 왜 자꾸 매달리는 거냐?)

» 심이 그렇기 흐리믄 뭇 쓰넝 겨

충청도 말에 '심이 빠르다'라는 말이 있다. '심'은 '셈'의 충청말이다. 표준말로 바꾸면 '셈이 빠르다'가 되는데, '심이 빠르든 셈이 빠르든' 이 말을 사람에게 쓰면 좋지 않은 말이 된다.

'심'은 옛말 '혜다'에서 나온 말이다. 이 '혜다'에서 '혬'이라는 말이 생겨났다. '혬'은 '숫자를 더하거나 빼는 일'을 뜻하는 말이었다가, 훗날 '사물의 이치를 슬기롭게 따져내는 일'이란 뜻이 더해졌다.

시대 따라 말은 변한다. 조선시대 후기에 이르러 '혜다'는 '헤아리다'로 바뀌고, '혬'은 충청도와 전라도에서 구개음화의 옷을 입고 '셈'이 되었다. 이후 '셈'은 서울로 올라가 표준말이 되었고, 충청도에서는 다시 '심'으로 바뀌었다.

"심이 왜 그렇댜? 돈을 받었으믄 물건을 내노야 헐 것 아녀?"
"그려. 그렇기 심이 흐리믄 뭇쓰넝 겨."

"받을 건 받구 줄 건 주믄 되넌 건디 뭔 심수가 그리 요상허댜?"

예전 어르신들이 흔히 쓰던 말이다. 그렇다. '심(셈)'은 발라야 한다. 줄 것은 주고 받을 것은 받는 것이 공평한 셈이다. 그런데 세상엔 바르지 않게 '심'을 하는 사람이 있다. 이런 사람을 '심이 빠른 사람'이라 한다. 심이 빠른 사람은 머리를 빨리 굴릴 줄 안다. 그 좋은 머리로 형편을 자신에게 이롭게 하고, 남보다 자신의 이익을 먼저 탐한다. 그래서 여러 사람을 힘들게 된다.

반대로 일이 돌아가는 형편을 살펴 바르게 처리하는 사람은 '심수가 밝은 사람'이라고 한다. '심수'가 밝은 사람은 사물의 이치를 따져 공평하게 일을 처리한다. 나보다 다른 사람을 먼저 생각한다. 늘 주위 사람들에게 칭송을 듣고 사회를 위한 큰일을 이뤄낸다.

그래서 예로부터 충청도 어른들은 '심이 밝은 사람이 되야지, 심이 빠른 사람이 되믄 뭇 쓴다.'라고 가르쳐 왔다.

» 홀애비 궁딩이는 응큼히서

- '궁둥이, 엉덩이'의 충청말

"웅딩이가 무겁다."

"웅딩이가 근질거리다."

"웅딩이에 뿔나다.'

"홀애비 궁딩이는 응큼히서 웅딩이, 새악시 궁딩이는 꽂다워서 방딩이."

뒤쪽 허벅다리와 허리 사이엔 불룩한 살덩이가 있다. 이 살덩이는 아래에 붙은 허벅다리를 사이로 둘로 갈라져 있다. 그 살덩이를 '볼기'라 하고, 볼기는 양쪽에 있으니까 '볼기짝'이 된다. 이 볼기짝을 이르는 충청도 말이 '웅딩이, 궁딩이, 방딩이'다.

이 말을 서울말로 바꾸면 '엉덩이, 궁둥이, 방덩이'가 되겠다. 그런데 서울지방에서는 '방덩이'란 말을 쓰지 않아 '방덩이'라는 표준어도 없다.

충청도에서 표준어 '어'는 대부분 '으'로 발음한다. '어른'은 '으른'

이 되고, '거지'는 '그지'가 되고, '정말'은 '증말'이 된다. 이처럼 서울말 '엉덩이'는 충청도에서 '응덩이'가 되고, 말하기 쉽게 '응딩이'가 된 것이다. '궁둥이'도 그렇게 '궁딩이'가 되었다. 1960년대 이후 표준어가 전국을 휩쓸면서 충청말은 대개 서울말을 닮아갔다. 그래서 '응딩이'는 '응뎅이, 엉뎅이'가 되고, '궁딩이'는 '궁뎅이, 궁둥이'로 바뀌었다.

그런데 충청도에는 표준어에 없는 '응치(엉치), 방치'란 말이 또 있다. 다들 알겠지만 '응치(엉치)'는 '응딩이(엉덩이)가 붙은 부분'이란 말이고, '방치'는 '방딩이가 붙은 부분'이란 말이다. 이런 말은 서울에는 없다. 그래서 서울에서는 볼기짝을 받치는 뼈를 나타내는 말이 '엉덩이뼈' 하나다. 그러나 우리 충청도에는 엉덩이가 없으니 엉덩이뼈란 말도 없다. 대신 응치와 방치가 있으니 엉덩이뼈 대신 '응치뻬'와 '방치뻬'가 있다.

지금도 어르신끼리 만나면 노래판에 응딩이와 방딩이가 들썩인다. 겨울에는 낙상으로 응치뻬를 다쳐 병원에 다니시고 그런다. 안타까운 것은 우리 젊은이들이 이런 말을 모른다는 것이다. 세월이 많이 흐르지도 않았는데, 돌아보면 예전 우리말이 참 많이도 사라졌다.

» 감잘 굿다 워디루 내뺐댜

- '굽다'의 충청말

날이 무지 춥다. 예년에는 1월 소대한 추위가 가장 맵다고들 했는데, 요즘은 대설동지 추위가 더한 듯하다. 눈도 1월이 많았는데, 올해는 12월 눈이 추위와 함께 가득 쌓였다.

요즘이야 단열이 잘 되는 주택에 사니 추워도 추운 줄 모른다. 그러나 이렇게 추운 날, 예전에는 뜨끈한 아랫목에 엉덩이 지지는 일이 최고였다. 군불 땐 아궁이에 몇 개 고구마를 굽고, 방안에 동치미 멀국 한 대접 들여 놓으면 세상 부러울 것이 없었다.

여름날 보리감자 궈 먹는 재미, 가을이면 밤 궈 먹는 재미, 겨울날 고구마 궈 먹는 재미야 이를 것이 없다. 그런데 가만 살펴보면 겨울철 충청도 사람들이 고구마를 '궈 먹을' 때 서울사람들은 고구마를 '구워 먹는다.' 충청도 사람들이 밤을 '굴' 때 서울 사람들은 밤을 '굽'는다. 충청도 사람들이 '감자를 궇자[구챠]'라고 할 때 서울 사람들은 '감자를 굽자[굽짜]'라고 한다.

일상에서 말을 쓰다보면 잘 모르지만 자세히 따져들면 말에 차이가 있다. 서울말은 '굽다[굽따]'고, 충청말은 '굿다[굳따], 궇다[구타]'가 된다. 이의 활용형을 표준어와 충청말을 비교해 보면 금방 표가 난다. '굽게[굽께]→굿게[굳께] /구게 /궇게[구케], 굽고[굽꼬]→굳고[굳꼬] /구고/궇고[구코], 구우니→구니, 구우니까→구니께/궁께, 굽도록[굽또록]→굿더락[굳떠락]/구더락/궇더락[구터락]'처럼 말이 다르다.

'굽다'와 '궇다'의 기본 형태는 별 차이가 없다. 그래서 우리는 일상에서 그 차이를 느끼지 못한다. 그러나 이런 미묘한 차이 때문에 충청도 사람이 서울에 가면 금방 티가 난다. 감추려고 표준어를 써도 말 몇 마디 섞다보면 금방 충청도 사람임을 들켜버린다.

이제 또 한 해가 저물고 있다. 이 추운 세모에 더러는 옛 추억처럼 군고구마를 구워 보자. 따끈하고 건강한 새해를 준비해 보자.

이놈이 감잘 굿다[굳따] 말고 워디루 내뺐댜?(이 녀석이 고구마를 굽다 말고 어디로 달아났대?)

접짝 감자는 찔 거닝께 구지[구지] 말구 내비둬.(저쪽에 있는 고구마는 찔 거니까 구워 먹지 말고 그대로 놔둬.)

보리꺼럭이 보리감자 궇긴[구킨] 왓따지.(타작하고 남은 보리까끄라기가 감자를 굽는 데는 최고지.)

» 꼬소롬헌 꼬솜 타기

- 고소하다, 고소한 냄새처럼 재미난 놀이

표준어 '고소하다'의 충청말은 '고솝다'이다. 이 '고솝다'가 '꼬솝다'가 되고, '꼬섭다'가 되었다. 차령 북쪽에서는 '꼬솝다, 꼬숩다'를 많이 쓰고, 차령 남쪽으로 내려가면서 '꼬섭다'를 많이 쓴다.

"챙지름이루 치나물을 무쳤더니 꼬순내가 진동을 허너먼."

"신혼두 아니구먼 손을 꼭 잡구, 먼 고순내를 그렇기 풍기매 댕긴댜?"

'꼬순내'는 '고소한 냄새'의 충청말이다. '깨를 볶는 냄새와 같이 감미로운 맛'이다. 흔히 '고순내'라고도 하는데, 이 '고순내'가 강해져 '꼬순내'가 되었다.

"들지름이 참 꼬숩구먼유."

"이, 들꽤를 볶어서 짜믄 그렇기 꼬서."

"그놈 밉깔맞더니 참 꼬숩게 됬구먼."

'꼬순내'는 '고숩다, 꼬숩다'에서 나온 말이다. 감칠맛이 나는 좋은 냄새다. 그런데 이 말은 충청도에서 '즐겁고도 재미있다'라는 비유적인 의미로 많이 쓰인다. 좋은 맛은 유쾌한 기분을 들게 하니까, 말의 뜻이 넓어진 것이다.

"얘야, 꼬숨을 태줄 테니께 일루 와라."
"인전 늙어서 손주놈 꼬숨태넌 것두 뭇혀."

'꼬숨'은 '아이의 몸을 어깨에 올려놓거나, 무엇에 태워 흔들며 재미있게 놀아주는 일'이다. 차령 남쪽으로 내려오면 '꼬섬'이 된다. 이 말도 '꼬숩나, 꼬십다'에서 나온 것이다. 표준말에는 이런 표현이 없으니 귀한 말이다, 이런 말이 있어 충청도에서는 아이를 흔들며 재미있게 꼬숨을 태울 수 있다.

"꼬소롬헌 냄새가 나넌디 이게 뭔 냄새랴?"

'꼬소롬허다'는 '감미로운 맛이 나거나, 미운 사람이 잘못되어 유쾌하다.'는 말이다. '꼬숩다'와 비슷한 뜻이다.

표준어는 오직 '고소하다'만을 고집한다. 그러다보니 표현이 다채롭지 못하다. 세밀한 부분을 표현하지 못한다. 그러나 표준어에 없는 방언을 활용하면 다양한 표현이 가능해진다. 한자어나 외래어를 쓰지 않아도 넉넉하다. 대응하는 표준어가 없을 경우 방언은 표준어가 될 수 있다. 우리가 아끼고 쓰면 훗날 이는 표준어가 되어 국어사전에 오를 것이다.

» 쟈는 지 아밸 도승혔어

- '닮다'의 충청말

충청말 '도승허다, 탁허다'의 표준어는 '빼닮다'이다. 충청도 어른들은 흔히 '빵틀에서 빵 나오고, 국수틀에서 국수 나온다.'라는 말을 쓴다. 자식이 그 부모를 꼭 닮았을 때 쓰는 말이다. 이렇게 빵틀에서 빼낸 빵처럼 꼭 닮은 핏줄을 일컬어 쓰는 말이 '빼닮는 것'이다. '도승허다'와 '탁허다'도 마찬가지다.

"조놈 허넌 짓을 보닝께 똑 지 아배를 탁혔구먼."(저 녀석은 성격이나 행동이 자기 아버지를 꼭 닮았다.)

"쟈가 지 핼애비 얼굴만 탁헌 것이 아니구 노름 좋아허넌 것두 탁혔다닝께."(저 사람은 자기 할아버지 얼굴만 닮은 것이 아니고, 조부의 나쁜 행실까지 꼭 닮았다.)

"야는 오가(外家)를 탁히서 얼굴이 뽀얀유."(이 아이는 외가 식구들을 닮아 피부가 뽀얗다.)

'탁허다'는 한자말 '탁(拓)'에서 나온 말이다. '拓'은 '찍어낸 것, 박아낸 것'을 뜻하는 한자다. 그러니 충청말 '탁허다'는 '자식이 부모나 조부모를 틀에 박아낸 듯이 빼닮았다.'의 뜻을 갖는다.

그렇다면 '도승허다'는 어떤 말일까? 나는 이 말을 두고 오래 고민 중이다. 요즘 젊은 사람들은 '도승했다'라는 말을 모른다. 40대 이상 된 사람들은 많이들 알고 있고, 60대 이상 되신 어르신들은 지금도 종종 쓴다. 그런데 어찌된 일인지 표준국어사전에 나와 있지 않다. 인터넷을 오래 검색하니 어느 한 귀퉁이에 '꼭'의 전남 방언이라 소개한 것이 있다. 인터넷국어사전에는 '탁허다'가 전남, 평안도 방언이라 소개되어 있다. 다 엉터리다. 방언조사가 제대로 되지 않아 수많은 우리말들이 사라지고 있는 것이다.

'도승허다'는 말의 형태상 '도승'에 '허다'가 붙은 꼴이다. '도승'은 한자말에서 나온 듯도 싶은데 딱히 감을 잡을 수가 없다. 나의 언어 상식으로 보면 '탁허다'는 전국에서 널리 쓰는 말이다. 이에 비해 '도승허다'는 충청과 전라지역에서 많이 쓴 말이다. 이 말은 남쪽으로 내려갈수록 사용 빈도가 높아진다. 현재 충남 북부에 살아 있는 말이니, 당연히 충청 남부와 전라도의 어르신들은 더 많이 이 말을 쓰고 있을 것이다.

이렇게 살아 있는 말이 기록되지 않은 것은 드문 경우다. 나는 메모장에 '도승허다'를 써놓고 오래도록 바라본다. 그리고 언젠가 내게 들려주던 이웃 어르신의 말을 아련하게 그려 넣는 중이다.

"쟈는 지 아밸 도승힜어. 올매나 도승힜넌지 쟈만 보구 있으믄 쟈 아배 어렸을 적을 보넌 것 같으다닝께. 낯짝만 도승헌 게 아니구 허넌 짓두 똑 지 아배여."(저 애는 자기 아버질 꼭 닮았어. 얼마나 닮았는지 저 애만 보고 있으면 저 애의 아버지 어렸을 적을 보는 것 같아. 얼굴만 닮은 게 아니고 하는 짓도 꼭 자기 아버지야.)

» 가이두 백년을 살믄 도십을 헌다

- ‘도섭하다, 둔갑하다’ 의 충청말

구백 년 묵은 불여우나 귀신이야기에는 흔히 요물들이 변신하여 사람을 해치는 사건이 나온다. 이렇게 요물들이 변신하는 것을 표준어로는 ‘둔갑한다, 변신한다’라고 하는데, 충청도에서는 흔히 ‘도십헌다’라고 쓴다. ‘도십’은 요즘 듣기 어려운 말이지만, 나이가 지긋하신 분들은 대개 들어보거나 써봤던 말일 것이다.

옛 신라에 김현(金現)이라는 사람이 있었단다. 사월 초파일을 맞아 홍륜사라는 절에서 탑돌이를 하다가 예쁜 처녀를 만났단다. 서로 사랑하여 정을 통하였는데, 처녀를 뒤따라가 보니 깊은 산속에 늙은 어머니와 살고 있더란다. 모녀가 얘기하는 것을 몰래 엿들으니 그들은 사람으로 둔갑한 호랑이였단다.

처녀 호랑이에게는 오빠 셋이 있었단다. 신라의 저잣거리에서 사람을 해치는 나쁜 호랑이였단다. 하늘은 사람을 해치는 호랑이 가운데 하나를 벌하기로 했단다. 처녀 호랑이가 나서서 오빠들 대신 죽기로 했단다.

처녀 호랑이는 저잣거리에 나와 사람을 해쳤단다. 임금이 큰 벼슬을 내걸고 호랑이를 잡도록 했단다. 김현이 호랑이를 찾아갔단다. 처녀로 돌아온 호랑이는 자신이 호랑이로 태어난 것이나 하늘의 벌을 받는 것은 업보라 하며 김현의 칼을 빼앗았단다. 그리고 사랑하는 이를 위해 죽겠다며 자결을 했단다.

처녀 호랑이를 잡은 김현은 큰 벼슬을 얻었단다. 그러나 호랑이 처녀를 잊을 수 없었단다. 자신을 사랑하다 죽은 호랑이를 위해 호원사(虎願寺)라는 절을 지었단다. 호랑이의 혼령을 저승길로 인도했단다.

'도십, 도십허다'는 '도섭'에서 나온 말이다. '도섭'은 여우나 호랑이 따위의 짐승이 영물이 되어 다른 동물이나 사람의 모습으로 몸을 바꾸는 것을 뜻하는 말이다. 위의 이야기는 '삼국유사'에 전하는 옛날이야긴데, 여기서 호랑이가 사람으로 둔갑하는 것이 '도섭'이며 '도십'이다. 이처럼 할아버지나 할머니들이 손주들에게 무서운 옛날이야기를 들려줄 때면 늘 나오던 것이 '도십허다'다. 귀신이나 요물이 자기 성취를 위해 사람을 해치려는 의도로 신통력을 발휘하는 짓을 뜻하는 말이다.

예전엔 참 많이 듣고 많이 썼던 말, 지금도 적잖은 어르신들이 기억하고 쓰는 말. 그러나 시대가 변하면서 '둔갑한다, 변신한다, 요술

부린다, 환술을 쓴다.' 따위의 한자말에 밀려나고 있다.

"고이 가이두 백 년을 살으믄 사람이루 도십을 헌대잖여."(고양이와 개도 백 년을 살면 사람으로 변신을 한다잖아.)

"여수박골인 꼬랑지가 싯 달린 불여수가 사넌디 말여. 그것이 이쁜 샤시루 도십헐 적인 재주를 시 번 넘었댜. 밤질이 지나댕기다가 홀린 사람 참 많어."(여우밭골에는 꼬리가 셋 달린 불여우가 사는데 말야. 그것이 예쁜 색시로 변신할 때는 재주를 세 번 넘었대. 밤길을 지나다니다가 여우에 홀린 사람이 참 많아.)

» 똥뀐 놈이 승낸다

- '방구 뀌다'의 충청말.

"어먼 눔이 몽딩이 들구, 똥뀐 눔이 승낸다."

예전 우리 지방에서 많이 듣던 말이다. 흔한 속담이라 충청도 사람들에게는 표준어 해석이 필요 없다.

충청도 사람들에게 표준어는 그리 어렵지 않다. 충청도는 서울과 가깝고 그만큼 말도 비슷하다. 그래서 충청도 사람들은 표준말도 잘 알고, 충청도 말도 잘 안다고 생각한다. 그런데 충청도 사람들에게 충청도 말을 표준어로 바꿔 보라 하면 잘 못한다. 듣고 말할 때는 구분하는 것이 쉬운데, 막상 들이대면 당황스럽다. 비슷한 게 많아서 이게 서울말인지 충청도 말인지 헷갈리기 때문이다. 이는 비단 어른들만의 문제도 아니다. 자라나는 충청도 아이들도 충청도말과 표준어를 혼동하는 것이 적지 않다.

자, 그럼 위 말을 표준어로 바꿔보자. 쉬운 것 같지만 꼭 그렇진 않다. 젊은 분들은 더 그럴 것이다.

"애맨 놈이 몽둥이를 들고, 방귀를 뀐 놈이 성낸다."

가 된다. '애맨'은 '애매하다'에서 나온 말로 '엉뚱하게'의 뜻을 지닌 말이다. 충청도에서는 '어먼'으로 변하면서, 어원이나 본 뜻에서 벗어나 있다. 이에 헷갈리는 사람이 많다. '승낸다'는 다 알겠지만 이도 불쑥 물으면 헷갈릴 수 있다. 이미 표준어에 익숙해진 까닭이다.

그런데 '똥뀌다'란 말은 표준어에 없다. 경기도 사람들은 '똥을 뀐다.'라고 말한다. 충청도에서는 이를 합쳐 '똥뀐다'가 되었다. 그러니깐 이는 충청말 '방구를 낀다'의 다른 말이다.

가을이 떠나고 있다. 날이 춰난다. 세상엔 갑질이 불고 백성이 진다. 권력을 휘두르며 군림하는 자, 돈다발을 화관처럼 쓰고 사람을 내려다보는 자. 이들이 세상을 춥게 만든다. 큰 소리를 치고 몽둥이를 들어야 할 사람은 백성들인데, 구역질나게 똥이나 껴대는 이 어먼 사람들을 우리는 어떻게 할까?

» 맞장, 맞장을 뜨다

- '겨루다'와 '싸우다'

"이번인 맞장이루 장치기 한판 워뗘?"-(건전한 옛말)

"아무래도 저 새끼랑 맞장 한 번 뜨야겠다."-(비속한 현대말)

예전엔 '장치기'란 놀이가 있었다. 주로 남자 아이들이 하던 놀이다. 아마 시골에서 자란 어르신들은 거의 다 해보셨을 거다.

'장치기'는 주로 겨울철 놀이다. 산골에 가을이 깊어지면 베바심이 끝난 논은 널따랗게 마당이 되었다. 스슥(조)과 콩과 팻를 거둬들인 밭은 텅 비었다. 겨울이 되면 얼음판이 생겼다. 남자 아이들은 그 들판과 얼음판에서 장치기를 했다. 주먹만한 나무토막을 가운데에 두고 상대편의 골문을 향해 장을 휘둘렀다. 어린 아이들은 조그만 막대기를 휘둘렀고, 젊은 나무꾼들은 나무하러 가는 길에 작대기를 휘둘렀다. 나무토막이 없을 때엔 돌멩이나 꼼방울(솔방울)을 주워다 쓰기도 했다.

예전에는 해마다 마을 청년들을 가려 뽑아 장치기 대회를 열었단다. 경기가 과열되면 장을 머리 위로 들어 내리치는 '끈장치기'란 반칙이 종종 나왔단다. 이때 상대가 휘두르는 장에 맞아 머리가 깨지는 일도 적잖았단다.

'맞장'은 일대일로 승부를 겨루는 장치기를 이르는 말이다. 대개 양쪽에서 가장 실력이 좋은 두 사람이 대표로 나와 맞붙는 거다. 두 사람이 격렬히 부딪치고 달리고 휘두르던 맞장치기는 세상이 바뀌면서 이젠 사라졌다. 그 대신 필드하키니 아이스하키니 하는 서양의 운동 경기가 들어와 우리완 상관없이 몇몇 지들끼리만 논다.

장치기가 사라지고 맞장치기도 사라졌지만 '맞장'이란 말은 살아 있다. 그런데 그 뜻은 달라져 '일대일로 맞붙어 싸우는 것'을 이르는 말이 되었다. 격렬하게 맞부딪치는 것은 같은데 예전의 맞장과는 사뭇 달라졌다. '맞장 뜨다, 맞장 붙다, 맞장 까다'란 말을 쓰는 사람들을 보면 대개 거친 사람이다. 그래서 지금의 '맞장'은 예전처럼 멋지지 않다. 옛 사나이들의 건강미는 사라지고, 어둡고 칙칙한 말이 되어 버렸다.

» 메주콩은 온제 빵굴 겨?

- '빻다'의 충청말 '빵구다'

충청도에서는 '빻는 것'을 흔히 '빵군다'라고 한다. 아주 가끔이지만 지금도 시골에서는 절굿땡이로 절구질을 하는 경우가 있다. 그럴 때면 어르신들은 지금도 '빵군다'고 한다.

"꽤소곰을 빵구구 있구먼. 메주콩은 온제 빵굴 겨?"(깨소금을 빻고 있구나. 그런데 메주콩은 언제 빻을 거야?)

"애를 그렇기 들구 빵구믄 오쩐댜?(절굿공이로 절구질을 하듯 아이를 자꾸 들었다 놨다 하면 어떻게 한대?)"

그리고 충청도는 서울과 가까워 '빻는다'라는 말도 함께 썼다. 그런데 'ㅎ'소리가 약해져서 충청도에서는 '빤:다'가 되었다. 예를 들어

"얘가 고춧가루를 빻다가[빠타가] 어디로 갔지?"

라면 충청도에서는

"야가 꼬축가룰 빠다가 워디루 내뺐댜?"

로 표현되었다.

표준어 '빻다'는 달리 '빠순다'라 쓰이기도 했다. '빠순다'는

"밀을 빠숴서니 밀개떡을 헐라남?"(밀을 빻아서 밀떡을 하려고 하니?)

"창꽤는 곱게 빠수야지 그렇기 웅성허게 빠수믄 뭇 써야."(참깨는 곱게 빻아야지, 그렇게 거칠게 빻으면 못 쓰는 거야.)

처럼 썼다.

» 조놈으 입싼 조동아리

- '조잘조잘, 조잘거리다'의 충청말.

'조조거리다, 조조대다'란 말이 있다. 충청도에 살더라도 젊은 사람들은 들어보지 못한 경우가 많을 듯싶다. 예전에는 어르신들이 일상으로 쓰던 말이었는데 어느 때부턴가 들리지 않는다.

'조조'는 '새들이 지저귀는 소리'를 나타내는 말이다. 사람들이 '낮은 소리로 쉬지 않고 지껄이는 소리'를 뜻하는 말이다. 그러니까 '조조거리다, 조조대다'는 '새들이 계속해서 지저귀거나, 사람이 계속해서 낮게 떠드는 소리'를 뜻한다.

"조조거리덜 말구 입단속 잘 히여."
"그 냥반이 그샐 뭇 참구 조조거리넌 통이 발써 소문 다 났유."
"조놈으 입 싼 조동아리, 인석아, 그만 점 조조대구 댕겨."

예전 어른들은 이런 식으로 썼다. 할머니와 할아버지들은 '조조거린다'는 말을 일상으로 썼고, 어머니나 아버지 또래 분들도 적잖이 썼다. 그런데 표준어가 퍼지면서 '조잘거린다, 쪼잘댄다, 쫑알거린다.' 따위로 급속히 바뀌어 갔다. 이런 까닭으로 요즘은 듣기가 어려운 말이 되었다. 그런데 얼마 전 나는 어느 동네 경로당을 들렀다가 이 말을 들었다.

방안에 할머니 몇 분이 앉아 있었다. 할머니들은 '조조'라는 사람에 대해 얘기를 하고 있었다. 나는 삼국지의 인물 조조를 떠올렸다. 그런데 그 조조완 상관이 없었다. '조조'는 그 경로당에 자주 나오는 어느 할머니의 별명이란다. 한시도 입을 가만 두지 못하고 떠들어 싼다고 했다. 할 말 안할 말 상관없이 마구 퍼뜨려 소문을 낸단다. 그래서 붙여진 이름이란다. 그때 할머니들이 한 말을 아래에 적는다. 잠깐 돌아보면 상황이 어떤 것인지 금방 알 수 있겠다.

"그 사람 입을 벌렸다 허믄 지 집안 자랑허구 지 자식 자랑만 혀. 그러구 넘이 말은 통 듣두 않여. 그리서 다덜 조조라구 불르는 겨. 사람덜이 좋아허들 않지."

"그 사람이 조조니께 그 앞이선 말 함부루 허들 않여. 말허문 하루두 뭇 가 동네 다 퍼진다닝께."

"근디 그 사람 듣넌 딘 조조라구 허간? 그러니께 그게 그 사람 읎을 적이 우리찌리만 불르넌 별명이여."

참고문헌

참고문헌

(사)경남방언연구보존회(2017), 경남방언사전 상, 하, 경상남도

이기갑 외(1998), 전남방언사전, 태학사

이극로(1932), 조선말의 사투리, 동광 29

국립국어원(2007), 방언이야기, 태학사

이명재(2016), 충청도말 이야기, ㈜신원문화사

이명재(2019), 속 터지는 충청말, 작은숲

정승철(2013), 한국의 방언과 방언학, 태학사